WHAT'S YOURS IS MINE

共享经济
没有告诉你的事

[加] 汤姆·斯利 著　涂颀 译

后浪出版公司　江西人民出版社
Jiangxi People's Publishing House
全国百佳出版社

目　录

WHAT'S YOURS IS MINE

01   The Sharing Economy

第 1 章

共享经济

共享经济是一波新生业务，它利用互联网将顾客和服务供应商匹配起来，并在现实世界里进行交易，如公寓短租、汽车搭乘或家政服务。在这股浪潮中，位于浪尖的是优步（Uber）和空中食宿（Airbnb），二者的增长令人瞠目，这也证实了它们将要颠覆传统运输业和旅游业的说法。一批公司紧随其后，力争和它们一道，跻身共享经济的世界之巅。

支持者有时称共享经济是一种新的业务类型，有时称它是一场社会运动。这是数字世界中人们所熟知的商业兼顾事业的模式。硅谷可能拥有相当比例的富豪，但它表示自己并不只看重金钱：它同样热心于建设一个更加美好的未来。互联网正在使世界变得更好，不只是提供更好的工具和更多的信息，更是从根本上重塑社会。我们现在已经有技术解决困扰人类几个世纪的问题，把旧的体制和规则扔进故纸堆，并借助计算机来建立新的体制和新的规则。

共享经济引发的喧嚣开始于几年前，但它真正开始进入主流商业却是在2013年和2014年。它许下的诺言吸引了许多人，当然也吸引了我。从私下交易开始——朋友搭个车或借个电钻，或为邻居跑跑腿——然后利用互联网的力量扩大业务规模，个人可以更多地依赖彼此而不是远在天边的冷冰冰的企业。每次交往都可以挣一点点外快，省一点点时间，何乐而不为呢？通过参与共享经济，我们建立起自己的社区，而不是只做一个被动的、崇尚享乐的消费者；我们创造了一个开放的新时代，不论我们去哪里，都能受到欢迎或得到援手。

共享经济承诺帮助那些过去无权无势的个人，使他们变成"微创业者"，更好地主宰自己的生活。我们可以听命于自己，自由进出这种灵活的新工作模式，在共享经济网站创立自己的企业；我们可以成为空中食宿的房东、Lyft的司机、Handy的巧匠，还可以在Lending Club上放贷，做一个无私的投资者。与此同时，这场运动似乎对那些强权者构成了威胁，如大型连锁酒店、快餐连锁餐厅和银行。这是建立在对等交流基础上的平等主义模式，而不是等级制组织，它的出现源于互联网能够把人们团结在一起：共享经济有望"让美国人（和其他国家的人）相互信任"。

共享经济还承诺成为一种可持续的模式，取代主流商业。我们可以把未充分利用的资源更好地加以利用——既然我们可以共享，为什么每个人都需要拥有一把电钻，却让它闲置在地下室的架子上？我们可以少买一点，减少留在这个星球上的碳足迹——也许用优步打车而不是买车。我们可以选择使用而不是拥有，远离令许多人觉得难以自拔的消费主义。我们可以少一点功利，看中体验而不是占有，可以为我们的生活赋予意义。

不过，这些就只是承诺。

遗憾的是，一个完全不同且更加黯淡的事情正在发生：共享经济正把残酷、没有管制的自由市场经济扩展到我们生活中曾受到保护的领域。一些大的共享经济公司自己现在也成为集团化的庞然大物，为了挣钱和维护品牌，正在越来越多地干涉它们所支持的交易活动。随着共享经济的发展，它在重塑城市的时候却没有考虑让城市变得更宜居。它给我们的交往活动带来的不是新的开放和个人的信任，而是一种新的监管，身处其中的服务工作者不得不提心吊胆地生活，担心被告发。虽然公司老板嘴上假惺惺地谈论着他们的用户社区，但现实是彻头彻尾的集中控制。共享经济的交易市场正在创造新的和更加特权化的消费形式。到头来，"一点点外快"与40年前在提到女人工作时所用的语言没有两样：那时女人的工作根本不被看作是"真正的"工作，也不能挣到养家糊口的工资。人们不能将她们的工作与男人的工作一视同仁，也做不到同工同酬。许多共享经济的公司并没有让个人解脱以主宰自己的生活，而是正在为他们的投资者和高管赚大钱，为他们的软件工程师和营销人员创造良好的就业机会。数十年的奋斗争得的保护和保障没有了，在共享经济中实际工作的人只能选择风险更大、更加朝不保夕的低薪岗位。

　　"共享经济"这个名称本身就存在着矛盾。我们往往认为"共享"是一种非商业化、人与人之间的社会交往活动。它暗示一种不涉金钱，或至少是受慷慨、奉献或助人之心所驱使的交换。"经济"则意味着市场交易——一种利己的以货币换取商品或服务的交换形式。已经有很多人就"共享经济"是否是用来形容这个新商业浪潮的正确用词展开辩论，还尝试采用其他名称——合作消费、网状经济、P2P平台、代办服务等，还有越来越多的人使用"按需经济"。

　　毫无疑问，"共享"这个词已经随着"共享经济"的成长和变化而超出了合理的限度，但我们仍然需要一个名称来谈论这个现象。虽然可能撑不了一年，但当下"共享经济"这个名称比其他任何可选的名称都要热门。我将采用这个名称，但为了避免重复使用"据说"或频繁引用别人的话，我将这个词的词头大写，即Sharing Economy。

在我们谈到像共享经济这样一个流动的、快速改变的事物时，下定义对我们来说没有多少用处，但我们仍然需要在这个话题周围圈定边界，这样才能条理清楚地谈论它。因此，第2章概述了共享经济的样貌：探究了共享经济包括什么样的组织、来自何方、在做什么以及是如何得到资金的。该章表明共享经济至少有两个愿景：关注小规模个人交往的社群主义和互助型愿景，以及拥有数十亿美元资金的公司所怀有的颠覆性的、横跨全球的野心，挑战全世界以民主方式制定的法律，为了扩大规模而收购竞争者，（对于优步来说）研究新技术以淘汰劳动力。如果前一个愿景可称为"我的就是你的"，我认为后一种愿景就是"你的就是我的"。

在谈到共享经济时不能不关注这个行业中的两大翘楚：优步和空中食宿。对于很多人来说，这两家公司就等同于共享经济，它们催生了一群模仿者，努力以成为"这个领域的优步"或"那个领域的空中食宿"以争夺风险投资家的青睐。二者都在旧金山地区成立，前后相隔还不到一年，此后二者都实现了跨越式增长，并把它们的商业模式带到世界各地。优步的市场估值超过了世界上最大的汽车租赁公司；空中食宿则可媲美世界上最大的连锁酒店。尽管身处看似平淡无奇的行业（出租车、公寓出租），但两家公司的高管现在都是亿万富翁。

人们往往会用类似的语言来形容两家公司所采用的技术：二者都依赖于软件平台、网站和移动应用程序，在消费者与供应商之间进行匹配，而且也的确从收益中分得一杯羹。软件还可以解决付款问题，二者都有一个评价体系并声称可以进行筛选，使陌生人能够彼此信任。

但是，这两家公司也有较大差异。空中食宿是共享经济的典范：其公开声明和市场营销都积极倡导了一个田园般的"共享城市"，在这里"本地的夫妻店将再次发扬光大……滋养社区，空间不再被浪费，而是与他人分享"。优步——正如其名——对社区这样软性模糊的事情不感兴趣，它传递了一个追求地位的信息（"每个人的私人司机"）。众所周知，优步的首席执行官、态度强硬的特拉维斯·卡兰尼克（Travis Kalanick）是安·兰德及其强烈个人主义思想的追随者。

两家公司都在很多城市陷入争议，它们无视城市的法律法规只顾增长，造成既成事实，摆在行动迟缓且人手不足的市政府面前。它们相信，创新会使既有规则过时，它们的技术可以解决本来要靠城市法规来解决的问题，而且能做得更好、更得心应手。

第3章是关于空中食宿的。本章揭示了该公司的实际业务与它所营造的形象有多么大的区别，它的发展又是如何令它开展业务的城市问题更加恶化的，尤其是在那些最热门的旅游城市。第4章是关于优步的：它对消费驱动型社会的追求是如何带来一种新的、不稳定的工作形式的，它不但为乘客提供廉价的搭车服务也为司机提供报酬丰厚的工作的说法有多么大的误导性。

跑腿、清洁和其他乏味的工作一样，突然成为风险投资的追逐目标。那些正在所谓"按需"服务行业里工作的人是第7章的主题，从早期的先锋TaskRabbit（"邻里互助"），到为了建立一个不断增长的营利企业而早就忘掉了社区的新入行者。共享经济的其他例子在本书中都可以找到。

你可能已经是空中食宿的房东或房客；你可能通过优步提供或享受过搭乘服务；你可能通过Postmates（美国同城按需快递公司）订过餐或送过餐。本书对这些公司乃至更大范围的共享经济运动持批判态度，但是我的本意并不是让你感到内疚或者对共享经济产生戒备。共享经济的问题不在于寻找新鲜的度假或打车逛城市的参与者，就像消费主义的问题也不在于个人给车加油或买一双新鞋一样。问题出在公司本身，出在为了个人的财富而利用这些公司来推动放松管制的议题的金融利益集团上。

共享经济可能是新鲜事物，但它也确有其历史背景，我们需要深入探讨才能更好地理解其议程。贯穿本书的另一条线索是探究共享经济的起源：硅谷公司乃至更大的技术爱好者圈子常见的价值观和做法，从开放源代码程序员到比特币倡导者再到"创客运动"。

这样的三言两语无疑会过于简化。当然，共享经济的追随者之间也存在分歧和争议，但是一个贯穿始终的互联网文化确实是存在的。

这种文化崇尚反叛，这种价值观来源于一套松散的、有时被称作是黑客伦理的态度。脸书的总部位于"黑客大道1号"，还在石头上刻下了12米长的字母HACK（黑客）。该公司的口号在去年前还一直是"迅速行动，打破常规"，马克·扎克伯格最近向潜在的投资者解释说："黑客们认为，总会有些事情可以变得更好，任何事情都不是完美的。他们要去改变它——通常是当着那些说不可能或者满足于现状的人的面。"

互联网文化也认为，互联网本身就是建立一个更美好世界的关键。互联网的发明标志着与过去决裂，开启了与旧政治、旧社会辩论的契机。互联网公司认为自己是这些辩论中开明的参与者，既肩负社会的使命又肩负商业的使命；谷歌的口号"不作恶"概括了他们的观点，即公司既肩负着道德的使命，又承担着技术的革新。

互联网文化也是充满雄心且自信的。这种自信，用风险投资家马克·安德森的话说就是"软件正在吃掉整个世界"。其外在表现就是海洋家园协会（Seasteading）和奇点大学（Singularity）的经营理念。前者是一个旨在创建自我管理的海上浮动城市的运动，由贝宝创始人彼得·泰尔（Peter Thiel）发起；后者源于发明家、现谷歌公司雇员雷·库兹韦尔（Ray Kurzweil）的理念，即新文明的降临将使我们能够超越生物局限、增强创造力。

正如好莱坞既是一个实际存在的地点又是一个有着独特传统、信仰和实践的全球产业一样，硅谷也不单单只是一个地点，它是数字技术界尤其是互联网科技界的代名词。硅谷包括苹果、谷歌、脸书、亚马逊和微软等大公司，还包括源源不绝、雄心勃勃的初创公司。它们并非所有都位于硅谷，但所有都受到更广义的互联网文化的驱动，是互联网文化的产物。

共享经济从互联网文化的一个特定原则受到启发：对开放性的好处的信仰。开放和共享齐头并进：让某个事物开放就是阻止其成为一个商品，把它从私人财产的领域解放出来，在社区成员之间共享。所以，开源软件——计算机代码由同行们创建并免费分享——就是一种把我们的物质财富和我们的劳动拿出来共享的灵感。维基百科的事例说明，软件平台可以将数以百万计的合作者的劳动汇集起来，创造出一个全新的、全球性的、不同的东西。它启发了空中食宿等网站的建设。从纳普斯特（Napster）开始，文件共享网站挑战了那些以版权和私人所有权为基础的行业，如音乐产业、电影制作以及专业摄影。社会化媒体是建立在人们愿意开放、愿意与他人分享自己的方方面面的基础之上的。开放数据运动期待开放政府，利用数字技术来推动透明度和创新。

第7章审视了有关开放的政治学，但这一章传达的意思并不像共享经济倡导者所希望的那样阳光。从经济角度说，开放有两个作用：它是相对于商业的另一个选择（音乐共享是相对于唱片店的另一个选择），但它同时也产生新的商业模式（音乐共享创造了YouTube）。新的商业模式也有着自己的问题。建立在于放基础之上的产业带来了一些惊人的东西，但它们在民主和平等方面重复着失败，同样，共享经济也正沿着前辈所铺下的道路跑步前进。

随着硅谷越来越富有、越来越强大，那种认为做好事就能经营成功、市场可以用来"扩大"社会变革的努力的想法已经成为互联网文化的主流。这种观点有时也被称为加州意识形态。从全球贫困问题到民权到教育和医疗保健，互联网文化认为技术与企业家头脑的组合是解决我们所面临的最大问题的关键。但是，市场、共享和社会公益是合不到一起的，它们之间的关系就是第8章的主题。互联网并不像某些人所相信的那样，是与过去彻底的决裂。看看老百姓是怎么生活的以及城市是如何运转的就知道，商业上的刺激往往会挤出非商业的共享。新企业也许是围绕共享和开放而建的，但商业本能往往会排挤利他行为，共享经济的慷慨本能将会被货币刺激所粉碎。

共享经济是年轻的，正在迅速改变。塑造它的是我们作为消费者的行为，我们作为公民的行为和我们作为劳动者的行为。共享经济公司声称，我们应该信任它们以及它们的技术，由它们来接管那些由政府提供的职能：确保安全的消费体验，确保就业公平和尊严，塑造宜居和可持续发展的城市。但是，我们不应该信任它们。

我之所以写这本书，是因为共享经济的议程符合我和许多人所认同的理想，如平等、可持续性和社区。共享经济仍然得到许多有进步头脑的人的支持和效忠——特别是那些非常认同其技术的年轻人，但他们的善良本能被人操纵甚至背叛。共享经济正在利用这些理念来创造巨额的个人财富，削弱真正的社区，鼓励更有特权的消费形式，它创造了一个比以往任何时候都更加动荡、更加不平等的未来。

还有其他人认为社会运动和私人营利公司之间没有矛盾：有人相信"福利企业"和其他形式的开明资本主义，有人寄厚望于共享经济的家乡——旧金山湾区。我希望能说服其中一部分人：共享经济并没有兑现他们的承诺。

很多人都乐于推广不平等和放松管制的愿景，用金钱代替民主机构，这本书对这类人没有什么可说的。

我在科技行业中工作，日常生活中会花很多时间在电脑上。我不怀疑，新的技术在建设一个更加美好的未来的过程中发挥着重要作用，但它并不能为复杂的社会问题或社会冲突的长期根源提供一个解决的捷径。如果共享经济的支持者确实相信平等和可持续发展，希望建立一些有用的东西，那么他们就必须放下互联网文化的架子，从其他领域一直涉足共享事业的人那里吸取经验和教训。正如解决复杂社会问题没有捷径一样，遏制共享经济的恶也没有捷径。一个出发点是，我们得认清它到底是什么。

WHAT'S YOURS IS MINE

02　The Sharing Economy Landscape

———————

第 2 章

共享经济的大环境

要想探究共享经济的组成，就要观察一个叫Peers的组织。成立于2013年的Peers将自己形容为一个"草根的、由成员推动的、支持共享经济运动的组织"。当空中食宿在密歇根州的大急流城遇到经营许可证问题或当加利福尼亚州银湖市的一个社区委员会威胁禁止空中食宿营业时，正是Peers召集空中食宿的房东代表公司游说委员。当西雅图市议会裁决Lyft和优步违反了出租车的行业规定时，正是Peers动员支持者签署请愿书。而这些努力没有白费：他们成功地让议会让步。该组织所取得的一个最重大的胜利是，他们设法让加利福尼亚州承认新运输组织"交通网络公司"所创造的框架，在这个框架内Lyft、优步、Sidecar和其他公司可以合法经营，这一模式后来还被几个州效仿。

　　2014年夏天，Peers在其网站上列出了75个"合作伙伴"，涵盖各种各样的服务公司。西班牙的Gudog公司是"把狗的主人和值得信赖的狗保姆汇集在一起的平台"；BoatBound公司可以让你"找到一艘自带船长或不带船长的完美的游艇"；如果你更喜欢吃而不是船，你可以去Cookening，一个"主人在自家为你下厨并和你共进晚餐"的网站。Cookening有点像EatWith，在后者的网站上，"主人秀出烹制美味佳肴的天分，并欢迎别人到家中分享美食"。Cookisto走的路子也差不多：它提供了一个"邻居之间分享美味家常菜"的网站。如果你需要在家中做一些手工活却没有工具，那么你可能要使用NeighborGoods（"与邻居和朋友分享物品"），1000Tools（"工具的租赁市场"）；如果你在澳大利亚，可以试试Open Shed（"能够共享，干嘛买？"）；如果你自己没有技能，你可以致电TaskRabbit，让他们提供一个能手；如果你需要办公空间用于工作，尝试PivotDesk；如果你需要筹集资金，去Crowdtilt；如果你想给家里打扫卫生，去Homejoy；如果你需要一个停车的地方，试试ParkAtMyHouse；如果你想租一辆自行车或冲浪板，联系Spinlister。从事各种各样活动的共享经济组织如雨后春笋般涌现。

租车是最普遍的服务项目，以搭乘公司（Lyft和Sidecar）、租车（RelayRides）、租自行车（Spinlister和Divvy）以及很多公司为代表。美食分享、家用物品共享很受欢迎，私人服务如家庭保洁（Homejoy和proprly）以及跑腿（TaskRabbit和PiggyBee）也都出现了。几乎所有这些组织都是在近几年开始的。

Peers的合作伙伴来自世界各地：最多的是在加利福尼亚州和纽约，也有一些欧洲国家的合作伙伴（比利时PiggyBee、法国的Blablacar、德国的Carpooling、西班牙的Swapsee、英国的ParkAtMyHouse），也有大洋洲的（Zookal和Airtasker），以色列的（EatWith和CasaVersa），南非和土耳其的。（Carpooling是由Blablacar在2015年初成立的；所有这些细节都出自维基百科的Zipcar页面。）

这种多样性以及大量小型、关注社区的组织正是共享经济为什么对生态意识强的人、对认同工匠精神的人有吸引力的原因。所以作家雷切尔·博茨曼（Rachel Botsman）在TED演讲中这样描述共享经济：

共享经济的核心是赋权。通过参与空中食宿、Kickstarter、Etsy 这些建立在人际关系而不是虚无交易基础上的市场，共享经济让人们有权力建立有意义的连接，重新发现我们在前进道路上丢掉的人性。

这也是为什么主流媒体的报道往往以离奇故事和个人经历开篇。以下出自《华尔街日报》：

> 让人们分享各种东西的手机应用是最热门的技术潮流。这就是为什么格蕾丝·利查阿最近请了一群陌生人来品尝她自制的通心粉。
>
> 11 月，她在网上认识的十几个网友来到她在华盛顿特区的家，大多数准时到达，品尝三种口味的通心粉和奶酪：大蒜烤的、山羊奶酪味西红柿的和咖喱的。32 岁的利查阿女士在 EatFeastly.com 网站上发布了"通心粉大餐"广告，每位 19.80 美元。

《连线》（*Wired*）杂志也以同样的风格发声：

> 约 40 分钟后，辛迪·曼尼特会让一个完全陌生的人坐到她的车里。挡风玻璃上的 iPhone 里装了一款应用程序，召她前往旧金山市场南区的一个街角，在那里，一个赤褐色头发、橙色雨衣、咖啡色靴子的女人将坐进她 2006 年产的 Mazda3 两厢车的前排座椅，搭车去机场。

Peers 只是俯察共享经济的一个角度。2013 年，雷切尔·博茨曼提出了如何对共享经济服务公司进行分类。在 2015 年的一份报告中，咨询师耶利米·欧阳（Jeremiah Owyang）提出了他自己的分类方法。除了上面给出的例子外，博茨曼和欧阳都着重提到了一些没有涵盖在 Peers 会员体系中的行业。

　　一个重要行业是金融业。P2P网贷公司如Lending Club和Prosper声称以低息的人际贷款来取代信用卡和银行。Lending Club于2014年12月上市，其P2P贷款额正在迅速增长：截至2015年5月，5家最大的公司发放了近100万笔贷款，并以每年超过100亿美元的速度创造更多的贷款。

　　另一个蓬勃发展的行业是共享办公空间，为新公司和独立的创业者提供"使用权而不是所有权"。这个行业的领导者WeWork已经筹集了5亿美元帮助其发展壮大。该公司在最新一轮融资中得到了50亿美元的估价后，《连线》杂志将它与优步、空中食宿进行了对比：

> 　　对一家本质为办公室租赁的公司来说，这是一个高不可攀的价格。但WeWork的商业模式——将地产和科技结合起来——顺应了近年来令投资者着迷的"共享经济"的大趋势，这也多亏了优步和空中食宿这些热门公司。这两家公司把高科技风格注入成熟行业（汽车服务和度假公寓）。结果，这两家公司获得的估值远远超出了那些公认的前辈（出租车和豪华轿车服务、酒店）。这种情况也发生在WeWork身上。

　　博茨曼和欧阳都扩大了共享经济的定义，包括了那些基本上未被本书涵盖的公司。Coursera等挑战了大学教育，提供大规模开放网络课程（慕课MOOC）；网上商城如eBay和Etsy是在共享经济崛起之前就有的，它们专注于"现实世界"的交易；众筹平台如Kickstarter可以看作是对P2P金融平台的延伸。

　　共享经济的大环境不仅要靠它包含了哪些组织来认定，也要看哪些组织被它排除在外。社会学教授朱丽叶·肖尔（Juliet Schor）对这种情况做出了总结：

> 目前各种活动的差异性很大，但参与者所划定的界限却莫名其妙。"跑腿"网站 TaskRabbit 往往被纳入其中，但 Mechanical Turk（亚马逊公司的网上劳动力市场）却不在其列。空中食宿实际上成了共享经济的代名词，但传统的提供食宿早餐类公司却被排除在外。搭车服务公司 Lyft 声称自己是，但另一个搭车服务公司优步则不是。公共图书馆和公园不应该算在内吗？当我向几家共享经济创业者提出这些问题时，他们的话很实际，完全没有分析：平台自我定义，以及由媒体确定谁是、谁不是。

（注：优步最初是不愿被认定为共享经济模式的，但自从它开始了优选计划后，它已经越来越多地采用了共享经济的用语。虽然一些观察家的确反对把优步列在共享经济企业之列，但现在明显它已经属于共享经济了。它是 Peers 组织下"搭乘"行业特别是交通网络公司类别在得到加州的认可后的主要受益人。）

社区提供共享物品——从城市的游泳池、足球场到公共交通和图书馆等的一般方式是通过政府，但共享经济名单中并没有政府团体。Peers 伙伴中没有食品合作社、工人合作社、借阅图书馆、农场租地团体或其他非数字化的社区共享计划组织。Zipcar 公司被包括在内（共享车辆使用权），但青年旅舍协会不被包括在内（共享住宿使用权）。从字面上说，有许多组织似乎符合共享经济的使命，但却与 Peers 毫无联系，无论它们是设备租赁店、二手店、船只出租，还是大型汽车租赁公司。

不过，正如你可能已经猜到的，共享经济的界限并不是随意划定的。

Peers的几乎所有成员以及博茨曼和欧阳所提到的所有团体都是关注科技的组织。如果让共享经济公司来为这个名字下定义，那么很显然，互联网是其自我认同的核心部分。

这是作家史蒂芬·约翰逊（Steven Johnson）"对等渐进主义"（peer progressive）理念的商业体现。在他的新书《完美未来》（*Future Perfect*）一书中，约翰逊说："当社会中出现一种难以满足的需要时，我们的第一反应应该是建立一个对等网络来解决这个问题。"建立一个"对等网络"首先是指建立一个互联网软件平台：一个网站和（或）移动应用程序，消费者和服务提供商可以在上驻留，交换商品和服务。

从另一个角度看，共享经济并不像它所显现的那样具有多样性。奇怪的是，虽然人们常常用利他主义和慷慨来描述共享经济，但绝大部分共享经济是商业机构，而不是非营利组织。在Peers的75个合作伙伴中，60个是营利性公司，超过85%的资金流向了加州的公司。尽管合作伙伴来自世界各地，但资金表明共享经济主要发生在硅谷。（这就是为什么尽管我拥有加拿大和英国双重国籍，但本书主要关注美国的事件和争论。）

三种服务占主导地位：酒店业（43%）、交通运输业（28%）、教育业（17%）。在酒店业，大部分资金流向一家公司——空中食宿，它从2009年以来已募集8亿美元，其中大部分是在前12个月内募集的。在交通运输业，Lyft刚刚募集了3亿多美元，数量最多，大部分是在2014年4月募集的。尽管大家都在谈论邻舍间互相交换电钻的事情，但这些才是弄潮儿，是共享经济的领导者。

2014年夏天以来，情况变得更加夸张。截至2015年7月，空中食宿已经将筹资额提高到23亿美元的巨额。Lyft的筹款也达到了10亿美元，而其竞争对手优步（不是Peers的合作伙伴）筹集到的金额则不低于70亿美元，也许还能继续增加。

　　这一切都归结为一点：虽然共享经济通常被看作是世界各地商业和非商业活动（从交换工具的合作社到宠物看护等）的多样化的集合，但这种看法有点误导。共享经济几乎都是一些得到了大量风险投资支持的科技公司。

　　Peers自身的历史反映出这样的现实：合作伙伴名单上的这些组织迥然不同，分布于各地，之间的关系紧张，而且有些硅谷公司得到了大量的投资。在成立时，Peers的领导是娜塔莉·福斯特（Natalie Foster）——一名社区组织者，曾与奥巴马政府和塞拉俱乐部共事过，其他领导成员都有社区组织者的背景。当Peers形容自己是一个支持共享经济运动的草根、成员推动型组织时，确实有人相信他们。

　　但现在情况有些复杂了。Peers的成立是由另一合作创始人道格拉斯·阿特金（Douglas Atkin）宣布的。2013年他在巴黎互联网大会上的讲话有着社群主义的口吻：

　　　　我想谈一谈共享经济的运动。说到"运动"这个词，我的意思就是运动。我的意思是大量的人，有着共同的身份，被动员起来着手做两件事情：发展其他的共享经济，以及为了共同的利益而奋斗，反对不公平与不合理。

　　不过，除了担任Peers的董事会主席，道格拉斯·阿特金还是空中食宿全球社区和动员部门的负责人。参与Peers的不只有空中食宿：它的大部分成员都来自于"认同这一使命的独立捐助者"和基金会，但这些独立捐助者包括了共享经济初创公司的投资者和高管。Peers的领导者娜塔莉·福斯特在追溯组织的理念时一直追溯到空中食宿提供的种子基金，这些基金开启了"利益相关者之间的对话"。

所以，Peers本身就是社群主义意图和企业自身利益的混合体。阿特金尤其清楚商业加运动所带来的强大力量。他在2004年一本名为《品牌狂热：把你的客户变成真正的信徒》（*The Culting of Brands: Turn Your Customers into True Believers*）的书中阐述了他的理念。他的方法包括：首先确定并宣布你的品牌与众不同——是什么让它脱颖而出的——然后提供各种方式让会员认同这种"狂热"，同时还要确定一个对手并将其妖魔化。阿特金在互联网大会上发表讲话，时而谈论商业，时而又谈论运动。在他讲话的某个时候，参与者好像正在参加一个政治行动：

> 所以，我们今天在这里讨论的不只是让人们来分享他们的技能，或者他们的公寓，或者他们的汽车，还有他们的共同力量，扩大共享经济，勇于站出来反对那些不公正地挡道的既得利益者。这就是"人民的力量"，如果你喜欢或者更准确地说，是"朋辈的力量"。

不过片刻之后，他又对建立企业提起了兴趣：

> 我参加了一场共享经济会议……他们正在创造新的理念——实际上是绝妙的理念——来互相分享客户，从上到下。一个人甚至提议，可以创造一种对等经济的货币——也许是比特币。甚至有人提出，要

鼓励人们跨越上下层级，招募新人进入这个新经济。

Peers的几乎所有宣传活动都关注那些在共享经济中得到大量资金的行业——以空中食宿和Lyft为代表，这一点并不奇怪。最引人注目的活动，如2014年西雅图搭乘计划，与Lyft和优步的业务并行不悖。无论Peers关心社区的活动其意图是什么，Peers在一定程度上起到了游说硅谷的马前卒作用。

大型共享经济公司背后的资金凸显了推动其发展的两股逆流。亿万富翁、亚马逊的CEO杰夫·贝佐斯（Jeff Bezos）曾向空中食宿和优步投资；主要的风险投资公司安德森–霍洛维茨公司（Andreessen Horowitz）已经对空中食宿和快递公司Instacart进行了投资；亿万富翁、贝宝创始人彼得·泰尔创立并领导的创始人基金公司已对空中食宿、Lyft和TaskRabbit进行了投资。高盛是优步和WeWork的另一个投资者，后者也得到了摩根大通的资助。Lending Club发送邮件强调说："与其向信用卡公司或传统银行支付贷款利息，您可以从普通人那里获得贷款，因为他希望为您的成功投资"，可它的董事会中包括了约翰·麦克（前摩根士丹利CEO）和拉里·萨默斯（前财政部长）。这种财富背景以及自由主义政治背景与道格拉斯·阿特金所描绘的草根运动的画面大相径庭。

共享经济是一种运动：为了放松管制而发起的运动。大的金融机构以及有影响力的风险投资基金正抓住机会，挑战世界各地民选政府制定的规则，并按照他们自己的算盘来重塑城市。它不是要建立一个取代市场经济的经济模式，而是要把放松管制的自由市场扩大到我们生活的新领域。说到那些实际拥有这些公司的人，倡导"终结所有权"——安德森·霍洛维茨一篇论共享经济的博客文章标题——的人就更别把它当真了。当阿特金梦想"公民联合起来，共同成长，保护他们在共享经济中的利益，而不是行使大权的企业的利益"时，我们一定想知道他自己的公司代表了谁。

在讲话即将结束时，阿特金请求得到大家的帮助：

> 所以，我在这里要向大家介绍一些计划，它们将使人们有能力为了共享经济的目标发起一个成员驱动型运动。如果你喜欢，我们也可以称它为一种新型经济的联合。而且我来这里就是为了请求你的支持。所以，如果你是一个平台，请帮助你的用户创建这个组织，加入这个组织。如果你是一个思想领袖、博主或会议发言人，支持它吧。如果你已经有一些现金，请大家帮忙筹资吧。

要求他的听众动用自己的钱包，为一个由亿万富翁们投资建立的公司筹资，这种厚颜无耻也太过分了。我写这本书的一个动机是为了反击道格拉斯·阿特金这样为了个人经济利益而偷换集体行动和渐进政治概念的人。

你可能已经注意到，在讨论Peers组织时，我用的是过去时态。这是因为2014年10月，Peers的领导和它的使命已经发生了改变。执行董事娜塔莉·福斯特被共享经济的RelayRides公司创始人谢尔比·克拉克（Shelby

Clark）所取代。2014年12月，克拉克宣布，Peers将拆分为两个组织：
Peers公司和Peers基金会。

　　Peers基金会"仍然规划它的未来"，但Peers公司——仍然使用与非营利组织有关的peers.org域名——则不再把自己与一个基层维权组织联系在一起。相反，它是一个营利性的服务供应商，为共享经济中的劳动者服务，帮助他们获得保险和提供税务咨询。活动家和社群主义者之间、社会运动和商业企业之间的矛盾得到解决，共享经济的商业基础已经变得比以往任何时候都清晰明朗。

WHAT'S YOURS IS MINE

03　A Place to Stay with Airbnb

———————

第 3 章

通过空中食宿找到落脚之处

如果有一家公司能够作为共享经济的典范，那它肯定就是空中食宿。正如我们已经看到的，它通过其总裁道格拉斯·阿特金参与了创建Peers。雷切尔·博茨曼和路·罗杰斯（Roo Rogers）的《共享经济时代》（*What's Mine Is Yours*）一书是共享经济的扛鼎之作，指明了有助于定义这场运动的愿景，而该书就是以空中食宿的故事开始的。博茨曼也着眼于空中食宿，为她的TED演讲定调。一些主流的公共评论家如《纽约时报》的专栏作家大卫·布鲁克斯（David Brooks）和托马斯·弗里德曼（Thomas Friedman）在提及共享经济时，想到的是空中食宿的CEO布莱恩·切斯基（Brain Chesky）。切斯基谈到了共享的价值观。2014年3月，他写了一本附有很多照片的宣言式散文《共享城市》，文章是这样开头的：

　　　　试想一下，如果你可以建造一个共享的城市。在那里，人们成为微创业者，当地的夫妻店将再次发扬光大。想象一个滋养社区的城市，空间不再被浪费，而是与他人分享。一个生产更多、浪费不再增加的城市。虽然这可能看起来很激进，但它不是一个新想法。城市本来就是共享的平台。

　　空中食宿的这种愿景要追溯到它的起源。公司在其博客中写道："如果你想了解空中食宿，你就要明白我们是怎样开始的。"许多共享经济公司似乎都是以同样的方式开始的：一群有才华的年轻人在自己的生活中遇到了麻烦，然后建了一个网站解决问题，接着他们希望把它变成一门生意。在硅谷风险投资家的帮助下，他们建立起一个成功的、不断发展的公司。

对空中食宿来说，这个麻烦是一些年轻的设计专业的学生无法支付旧金山的天价租金。2007年，在布赖恩·切斯基和乔·盖比亚（Joe Gebbia）寻找支付月底账单的办法时，城里正举办一个设计行业会议。他们买了一些充气床并为想找一个便宜住宿的与会者提供住宿。他们收到了潮水般的申请并意识到这种事情可能有市场，于是"充气床和早餐"就诞生了。

从那时起，他们辛勤耕耘并持续成长。为了给最开始的公司融资，他们用光了多个信用卡的额度，然后得到了保罗·格雷厄姆（Paul Graham）Y Combinator基金的早期投资。为了让该网站上线，他们前往最大的城市（纽约），说服房东找专业的人为房间拍摄照片，从而使照片更具吸引力；预订量增加，而专业摄影仍然是房东吸引客人最有效的方式。其他的做法包括在芝加哥民主党全国代表大会上推销早餐麦片以及受到很多人批评的Craigslist电子邮件门。

经过早期的磨难后，切斯基、盖比亚和内森·布莱卡斯亚克（Nathan Blecharczyk）三人组突然发现自己成了风云人物。2011年，空中食宿有5万个房源；2012年，这个数字翻了一倍多，达到12万；到2013年年底，房源数是55万；2015年年中，空中食宿声称有120万个房源。为了便于比较，世界上客房数量最多的最大酒店公司是洲际集团，有70万客房。

该网站的预订量也呈现类似的轨迹：2013年之前，共有400万预订量；

到2013年年底，该数字达到1000万；到2015年年初，它声称有2500万人预定，行业分析师维基·斯特恩（Vicki Stern）估计，它现在一年有3700万过夜住宿游客。尽管这个数字大约达到了主要酒店公司声称的旅客人数的20%，但增速丝毫没有放缓。

财务上，空中食宿也已成为一个主要从业者：虽然公司还没有上市，但它仍旧对投资者具有吸引力。它获得的23亿美元融资相对于240亿美元的市值，与酒店业巨头如万豪国际（230亿美元）和希尔顿（290亿美元）不相上下。它的三个创始人不再为支付租金而挣扎：他们每个人现在都是亿万富翁。

当你读到这本书的时候，这些数字还会更大。

共享经济的支持者把空中食宿的故事看作是灵感来源。原因是很容易想到。这是一个让"当地普通居民靠把自己的房屋拿来与世界各地的尊贵客人共享来赚一点钱"的网站，已经发展壮大到足以挑战全球最大的连锁酒店。这表明亲身的拜访——人与人的接触——可以取代没有人情味的、整齐划一的、大规模生产的旅游公司。在空中食宿，你可以租一个树屋、一座城堡、钟楼的一个房间或船屋。相比千篇一律的酒店房间，谁不更喜欢它呢？在采访中，布莱恩·切斯基说："我们真的关心这种把世界团结起来的更有深意的想法。"

空中食宿强调它的许多房东是有艺术品位的人而非有钱人，在巴塞罗那，"空中食宿75%的房东收入相当于或低于加泰罗尼亚地区的平均家庭收入"。空中食宿网站的广告大都是些励志的个人故事。我不知道那些讲述励志故事的人到底是真诚还是愤世嫉俗——我怎么能知道——从某种程度上说，这都没有关系。也许布莱恩·切斯基知道，这些疾病缠身、写信给他向空中食宿表示感谢的房东的故事总能大受欢迎，所以他一遍又一遍地讲述着，又或者也许这些故事对他来说真的有某种意义，他确实相信空中食宿的使命就是让数以千计——甚至数以百万计——这样的个人稍稍独立于这个艰难的世界。

但我确实认为，我们也许该——甚至必须——对这种励志科技故事表示怀疑。一旦与一个背后涉及大量资金的议程产生千丝万缕的联系，我们就应该问问自己，卖给我们的到底是个什么东西。为了实现在其第二大市场的合法性，空中食宿特别依赖于个人的叙述，并以此作为它想传递的信息——也是公司的信息，在整个纽约市张贴关于"普通人"的海报。

所以，我已经养成了一个习惯，每当我看到一个励志的科技故事，我就会停下来问自己，有没有另外一个故事，一个传递不同信息的故事。答案总是：会有的。这里有一个从空中食宿网站上摘抄的故事：

> 经济危机袭来，作为画家和房地产经纪人的塔玛，生计受到了威胁。重病增加了她的开销，有时一个月的药费就高达 1000 美元。接待客人不仅给她介绍了新朋友，还让她有吃的，能支付账单并留在自家居住。

空中食宿对于塔玛来说显然很不错。但这里有另一个故事，刊登在《旧金山纪事报》（*San Francisco Chronicle*）：

> 克里斯失去了他的住所，这样他的房东就可以通过在空中食宿出租公寓来赚更多的钱。克里斯说："他们逼迫我离开我爱的家。找到一个住处相当难，特别是我还有一条很老的狗。最后，我花了两倍于这

里的价钱。"克里斯现在正在起诉他的房东，他的律师说："空中食宿导致旧金山的一些长期租客被迫搬家……它使得短期租赁业务的进入门槛降低，它无处不在。"

如果我们要评判空中食宿，我们必须牢记克里斯的故事以及塔玛的故事。这里还有一个空中食宿没有在其网站上记录的故事：

> 肯在（纽约市的）诺丽塔区拥有几幢建筑物。他经营着一个非营利组织，教人如何骑自行车。现在，他正雇用私家侦探查看自己的房客在做什么。肯不喜欢这样做："这太不符合我的做法了。这就像是说我怎么变成这样一个人？"可是，3 号公寓已经变成了旅馆，一晚收费 250 美元。他怀疑有个女房客在被赶走前一共赚了 50 万美元。他在提到空中食宿时说："他们看到她的生意有多么赚钱……所以拒绝撤掉房源信息，所以他们不是好人。"

空中食宿没有提及肯或肯的租客，但它确实提到纽约的一个房东谢尔，他是他们社区的一员：

> 当纽约市遭受历史上最严重的一次飓风时，谢尔——空中食宿上的一个老房东——意识到有些人所蒙受的损失是毁灭性的。随着水位的上涨，人们不得不从家园撤离，许多人好多天都回不了家。谢尔决定上网，把她家免费提供给那些有需求的人们。

谢尔的故事要复杂得多，结果发现，她"直接违反了租约"，把一些租来的房产转租出去。她的房东说："朋友（借住）是一回事，但一群群社交网络上的陌生人则是完全不同的事情。"空中食宿在面对房东的困扰时则把自己的责任推得一干二净，说"空中食宿只是个网络平台，并不拥有、经营、管理或控制这些住宿场所，我们也不会核实私人的合同条款或对来自第三方的投诉进行仲裁"。

空中食宿避而不谈的故事描绘了一幅截然不同的画面，与它所推崇的故事比肩而行：邻居、房东和房客被空中食宿的业务搞得十分沮丧和生气。

围绕空中食宿而展开的辩论也被架构成故事。因此，雷切尔·博茨曼关于空中食宿的故事就是一场冲突——一场以全球连锁酒店为代表的没有人情味的公司与以个人分享他们所生活的家为代表的有人情味的世界之间的冲突。

同样，我也试图养成停下来思考的习惯，看看这些故事和我自己的体验、与我所知道的这个世界是不是相符。对于空中食宿，我得出的结论是二者并不很相符。

20世纪六七十年代，我在英国长大，是两位教师的四个孩子中的一个。我们每年都要休假，我能记得的第一个假期是在1963年。当时我们与另一家人一起，去的是威尔士的阿伯多维。在那里，我们在一个火车厢里住了一个星期，火车厢被改造成一处住所，有点像一个固定的大篷车或拖车车厢，对孩子们来说更有趣。我当时还太小，记不得假期里的太多事，只记得一只只水母被冲上海滩给我带来的恶心（活的还是死的，我不知道），但它既不是空中食宿，也不是酒店。

童年其他的假期都是通过农场度假指南来预订的。我们会住在自助式或住宿加早餐的客房，往往在农场。这既能帮房东赚取外快，也给我们带来了美好的假期。我们经常会到惠特克小姐的家去。她是湖区的一个叫阿尔法的村庄里的厨娘，学校放假的时候就会打开自家的大门迎接来客。达登河在她家花园前流过。她有一条叫扬的狗，我们常和它玩，它也是第一只令我感到惬意的狗。下雨的时候，我便从她家书架借书看，与书中的波罗和马普尔夫人见面。

后来我长大了，和朋友到其他地方度假，这些地方的商业旅社、青年旅社、拖车公园和宿营地都已经存在了很长一段时间。

我们是一个正常度假的正常家庭，我们的经验被无数次复制。在北美，传统有点不同，但租用度假别墅或农舍也是数以百万计人们所熟悉的。空中食宿运营的大城市都是主要的旅游中心，它现在在欧洲的业务要多过美国，但总体的故事并不像表面那样清楚。也许空中食宿现象不能说明共享经济的爆炸式发展，仅仅是把在上百万的布告栏和小册子中早已存在的活动搬到了网站上。

在数字世界，空中食宿也有先例。Couchsurfing开始是一个非营利性的网站（是couchsurfing.org而不是couchsurfing.com），是个大量会员积极活动并参与的社区。在许多城市，它常会举办聚会，Couchsurfing的成员甚至帮助建设了网站。Couchsurfing与空中食宿有很多共同点，但也有一些大的差异：会员相互做东，把对方当作客人招待，在他们来访时常常接待他们，但是和空中食宿不同的是，Couchsurfing规定不能有钱的交换。Couchsurfing的故事很有意思，我们稍后再谈。

在数字世界，空中食宿的另一个先例是商业度假出租网站，其中有些仍在健康地发展和成长。HomeAway、VRBO等网站从许多方面看与空中食宿不相上下，但它们并没有吸引到同样的注意，但空中食宿的快速增长却威胁着它们。在HomeAway，提供住所的人往往是专业的房产经理，负责众多的度假出租房。不同于空中食宿，这些网站基本上没有与监管机构发生过冲突。

计算这些种类完全不同的住处的价值也许是不可能的，但很显然，"空中食宿vs酒店"的故事与真实的情况差别很大。老牌超级酒店集团对阵年轻的、斗志旺盛的、理想化的创业公司的说法其实就是以漫画的形式来戏说历史。短期租赁和度假出租的市场远比这更复杂。

隐瞒部分事实

空中食宿在全世界一直都存有争议。最引人注目的争议发生在纽约市，而且它在所有主要市场上也都遇到了争议，包括阿姆斯特丹、洛杉矶、柏林、巴塞罗那和巴黎。公司把遭遇到的反对说成是行动迟缓的官僚机构的一种反应，因为这些官僚机构屈从于酒店行业的既得利益者。而出现问题的城市如此之多，正说明另有隐情。

要想了解空中食宿到底是一个什么样的企业，我们必须超越政治学家亨利·法雷尔（Henry Farrell）所说的"各有各的理"（dueling anecdote），看看一些数字。2013年，就在空中食宿开始引起主流社会注意的时候，我就对这场辩论背后缺乏可靠的数据感到十分沮丧，所以我写了一个程序，自动到空中食宿站点尽可能多地搜集有关某一城市所有房源的信息。虽然这个程序远算不上完美，并且还有很多问题是无法通过公共网站的数据得到准确回答的，但是它对我来说却是一个了解空中食宿业务真实形态的有用工具。

没想到，就在我开始搜集数据后不久，空中食宿与纽约的总检察长埃里克·施耐德曼（Eric Schneiderman）发生了争执。空中食宿在纽约的房源数正在增加，总检察长办公室怀疑，许多房东违反了纽约市关于禁止将多户建筑物中的一个公寓出租少于30天的法律规定。施耐德曼希望得到涉嫌违法者的姓名和地址，但空中食宿拒绝提供，谈判破裂。总检察长要求得到全市所有15,000个房东的名单，而公司则指责总检察长"非法调查"。在斯诺登事件之后，总检察长的要求被看作是政府又一次刺探隐私的数据搜集行动，电子前哨基金会（Electronic Frontier Foundation）和互联网协会（Internet Association，"代表了主要的互联网公司"）都介入并站到空中食宿一边，"不遗余力地抗争"。与此同时，Peers收集了有超过20万个签名的请愿书，"保卫纽约的共享经济"，空中食宿发布了研究报告和录像视频，形势十分紧张。

共享经济的倡导者认为这场争执是富得流油的老牌企业和想在艰难的世事中挣一点外快度日的普通纽约人之间的冲突；法律是为互联网诞生前的格局而写的，必须与时俱进，以促进新产业的发展。空中食宿宣称："我们都赞成非法酒店对纽约是不好的，但是这不是我们的社区。我们的社区是由成千上万善良的好人所组成的。"公司发布了一份报告，坚持认为这些房东几乎都是"普通的纽约人，偶尔把他们的房子租出去而已"，许多人正是用这笔额外的钱帮助自己留在家中；他们的故事（部分已在上面列出）强调了人与人之间对生活空间的共享。

另一边，这场争执不仅引来了酒店业，还引来了一个罕见的联盟——房东与租客群体，以及保障性住房的倡导者和邻里协会。总检察长称，非法酒店滥用空中食宿的网站；纽约州参议员利兹·克鲁格（Liz

Krueger）投诉称，空中食宿"积极招揽房客，把他们居住的公寓放到网站上，即使它很清楚，这样会使住户蒙受被赶出公寓的危险"，因为他们违反了租赁或合作住房协定，违反了30天时限的法律。一些"互联网企业无视州政府和地方法律，无视他们的商业模式对社区造成的伤害，并以此获得了高额利润。"

那么对于这场争议，数据有什么可说的呢？我的程序拾取了15,000个房源，与空中食宿声称在纽约的房源数相匹配（现在这个数字已经翻了一番）。而数据显示，空中食宿虽然没有说谎，但却隐瞒了部分真相。

空中食宿关于"我们的房东中有87%是把自己所居住的家租出去的"的说法对于公司来说非常重要，因为它曾多次指出，现有的法规是针对专门用于经营的住所的，不适用于普通人私下里提供住宿的新市场。乍一看，我的数据支持了空中食宿的说法：数据表明87%的房东确实只有一个房源，与空中食宿的数字完全匹配。但是，分析数据有好多种方式。毋庸置疑，空中食宿选择了最符合他们想要塑造的形象的方式。有一个以上房源的那13%的房东占空中食宿业务的很大一部分：空中食宿至少40%的房子是他们租出去的，占通过空中食宿订房游客人数的43%以上。所以空中食宿业务的近一半来自于有多个房源的房东。空中食宿隐瞒了部分真相。公司说自己的业务是一种个人间的私下交换，但这只反映了一个侧面；空中食宿也从有多个房源的房东那里挣到了很多的钱，而这些人使用该网站可以规避住宿加早餐以及短租所涉及的规定，开展自己的业务。

在空中食宿，每个房源都被划分到三种类型中的一种。第一种类型是"共享房间"：相当于公司创始人独创的"充气床加早餐"的模式。第二种是"独立房间"，也就是我们大多数人所认为的"把我们居住的家拿来与客人分享"的人。最后一种，就是"整套房子/公寓"，是指客人在的时候主人不在家。

　　数据显示，纽约的大多数（60%）房源属于整套房子，只有3%是共享房间。在收入方面，数字更为明显，因为整套房子的租金通常比独立房间更多，而独立房间又比共享房间多。空中食宿的收入中有四分之三来自于整套房子的出租，只有1%来自于共享房间。鉴于空中食宿主要在曼哈顿和布鲁克林开展活动，几乎可以肯定地说，空中食宿的大多数房源以及超过三分之二的收入都来自于整套房子的出租，而这违反了纽约的法律。

　　在它的总部，空中食宿复制了公司创立之初的那间公寓的起居室（还复制了奇爱博士的作战室），但这个故事不再反映公司的业务。独立房间出租——表现为公司网站上主人欢迎客人上饭桌吃饭的照片——也已成为少数。空中食宿的大部分钱来自于主人和客人的交易，除了交换钥匙，他们从未见过面。如果主人使用空中食宿后续发展起来的一系列管理服务，那么他们甚至永远都不会见面。

❊

　　总检察长和空中食宿之间的争端在2014年得到了解决。空中食宿坚持认为，平台上只有一小部分"烂苹果"，然后将挑选过的数据交给了总检察长。与我自己和其他人尝试从公共站点搜集数据的做法不同，总检察长办公室得到了空中食宿自己的内部数据：从2010年1月到2014年6月近50万的住宿交易数据。

　　在2014年10月发布的一份报告中，总检察长办公室证实了我对空中食宿业务大致框架的调查结果，并添加了新的内容。报告证实，超过半数的空中食宿房源违反了多户建筑物的短租法律，还表明了有多个房源的房东的比例要比网站数据所显示的大得多：该报告发现，有两个以上房源的房东占6%，但收入占空中食宿收入的36%。

　　空中食宿还强调其房源分散于纽约的各街区，声称"82%的空中食宿房源位于中曼哈顿之外的地方，而酒店只有30%到40%位于中曼哈顿以外的地方"，"空中食宿的游客住在纽约的各个街区，分散于全部五个区"。同样，这也是一种很偏颇的数据分析方式。总检察长的报告发现，空中食宿的住宿并不像专挑有利于自己的话来说的声明中所说的那样遍布于整个城市：曼哈顿和布鲁克林占到公司收入的97%以上。

　　空中食宿强调许多房东所提供的房源是临时性的，但这种故事也有其另一面。总检察长的报告显示："房东从出租半年以上的房间中所获得的收入占比有所增加，从2010年占私人短租收入的18%上升到2013年的38%。半年及以上的出租在空中食宿上被标为短租，因而不属于长期房源，所收取的费用占空中食宿2013年收取的所有费用的38%。"

　　2014年以来，这种模式一直延续。空中食宿的业务有很重要的专业化市场——要么房源的主要目的是用于出租，要么房东拥有多个房源，并且集中于城市里游客集中的区域。空中食宿对于每一份基于实际数据的报告的回应是笼统地说这些数据已经过期或者不准确，但他们拒绝拿出自己的任何所谓真实数据来反驳。他们偶尔会发布城市报告，声称用数字来证实他们的说法，但这些报告缺乏实质内容：他们关于纽约空中食宿的报告总共只有300字——比这一页上的字数还少——没有说明采取何种方法论来证实他们的说法。

空中食宿在纽约的业务模式在其他地方得到了复制，不过也有一些变化。我对空中食宿在所有大城市的房源进行过调查，数据显示，与纽约一样，空中食宿在其他地方也普遍存在脱离真相的扭曲说法。尽管他们不断重复空中食宿的起源故事，但共享房间现在只占空中食宿全球业务微不足道的一部分。即使是符合我们大多数人所认为的"共享"概念的"独立房间"房源也只占空中食宿业务的一小块。在每个地方，整套房间的出租是空中食宿收入的主要来源。在空中食宿的最大城市巴黎，整套房间出租占空中食宿业务的90%，在柏林、阿姆斯特丹和里斯本等主要城市，它们占到了超过70%。

最后，尽管他们强调共享自己所住房间的人是普通人，但有多个房源的房东确实占到了公司业务的很大一部分。这个比例根据城市的不同而有所不同。在巴黎，有多个房源的房东数量相对较少（27%）。在旧金山和柏林，有多个房源的房东数量占总数的40%以上。在伦敦和洛杉矶，他们占到了一半。在巴塞罗那、里斯本和罗马，大部分是有多个房源的房东，在有7000个房源的伊斯坦布尔，有多个房源的房东的比例不低于80%。

空中食宿及城市

空中食宿在纽约的业务是否合法非常重要，但它不是我最主要的关注点。我最想关注的是空中食宿是如何在其最热门、最赚钱的市场上影响城市的。

共享经济热衷于非正式的、人与人之间的交换，而这类交换在很大程度上不在商业监管的范围之内。如果我把一碗白糖送给我的邻居，食品安全检查是不会介入的。对空中食宿有所影响的规定基本上是市政规定，在很多城市，执法的往往是一小群人，基本上是有人投诉才会行动。这些法规内部本身就存在宽容的灰色地带，许多城市认为执法是最后的手段，他们希望邻居之间的小纠纷不需要当局的介入就可以解决。依据投诉开展的执法会使非商业活动和商业活动之间的界限不清，也为非正规商业的"灰色地带"提供了一个空间，而这些非正规商业在许多城市恰恰是日常生活的一部分。

空中食宿的目标与许多共享经济公司一样，利用这个灰色地带扩大它的规模。但规模的扩大使事情发生了改变：非正式的纠纷解决方法变得不再可能；过去曾被认为是无伤大雅的行为现在成为问题。对于我们这些生活在有行车道的街道上的人来说，偶尔举行旧货售卖无关紧要；但如果邻居每个周末都举行旧货售卖活动，我们可能会因为有车停在马路上而感到生气；如果有几个人经常举行旧货售卖，社区就会被干扰，也许城市就应该强制执行城市区划法了。

同样的规模问题也适用于游客。如果我们的一个邻居偶尔邀请客人住下来，我们大多数人不会介意。如果我们所有的邻居一直邀请不同的新人住在他们的公寓或房子里，那就成了一个问题。

规模问题是空中食宿所引发的冲突的核心。该公司强调对城市和社区的承诺，但它似乎并不了解社区真正的运转方式以及不同利益群体间必须达到的平衡。

我们很容易就会认为空中食宿是用变通和信任取代了硬性规定，但情况远非如此。公司确实简化了在网站上添加一个房产的程序，但是如果你注册成为空中食宿的房东或客人，你就得同意四个独立的服务条款，总计30,000个词—几乎是这本书的一半篇幅。公司知道哪些规则适合他们。

我们的住房和居住生活被规则所包围，因为我们是社会的一部分，需要融洽相处。并非所有的这些规则都是好的，但这些规则往往服务于一个目的。合作住房组织对成员能做什么做出了限制；房东和房客签的协议对房客能做什么做出了限制；城市规定对房东能做什么做出了限制；房租管制公寓规定了这些公寓的使用条件。

空中食宿对这些规则毫无兴趣。相反，尽管大谈特谈社区，它似乎只明白一个逻辑，那就是自由市场的逻辑：业主对于他们的房产想做什么就做什么。住在共享建筑物里的房客不喜欢邻居们都开始对外出租，不喜欢每个周末都看到建筑物里有新的陌生人出现，但这不是空中食宿的责任。有些住户声称已被赶出公寓，这样他们的房东就可以靠租金更高的短租赚更多的钱，但空中食宿对此并没有做出什么反应，除了声称这种事情不常见而已。

大部分有关空中食宿的报道将此说成是创新科技公司与旧的、老牌酒店业的冲突。我们已经看出来这是对作为社会活动的旅游的一种漫画式解读，但它同样是对空中食宿所引发的冲突的一种漫画式解读。大型连锁酒店是受到空中食宿现象影响的最后一批，这种关系将如何发展尚有待观察。例如，空中食宿全球酒店部门的领导人奇普·康利（Chip Conley）最近这样说：

　　我在空中食宿里的一个主要工作就是与全球酒店业建立合作关系。让我感到自豪的是，有一些全球连锁酒店的CEO在谈到空中食宿时较为中性甚至很积极。还有两项研究——一项是我们委托在纽约市做的，一项是由波士顿大学的一名教授独立在得克萨斯州完成的——表明，空中食宿对酒店的影响几乎是微不足道的。

　　对于公司所引发的纠纷，空中食宿对阵大酒店的说法是在转移话题。2015年中，凯悦酒店投资于一个叫OneFineStay的小竞争对手，来与空中食宿竞争。我们可以预计，连锁酒店和空中食宿将会有更多的合作，空中食宿谋求进军商业旅游行业，而酒店业则看到了从旅客身上挣更多的钱的机会。

　　相反，受到影响的是较小的独立酒店和住宿加早餐旅馆。他们抱怨说他们要在自己的城市进行登记，必须通过消防、健康和安全检查，还要支付旅游税，所以无法与街道上那些不受监管的公寓展开竞争，因为后者没有这些费用。具有讽刺意味的是，空中食宿所损害的正是旅游业中"有人情味"的部分。

　　市政府关心的是税收、城市区划法和消费者保护（做错了事谁来买单？）。民权活动家关心的是蓬勃发展的短期租赁对住宿价格和买得起的房子的存量的影响。它会不会推高租金？那些受欢迎但价格实惠的社区会不会"高档化"？在旅游目的地，辩论是激烈的，而这里恰恰是空中食宿最大的市场，必须要把空中食宿放到持续、快速增长的旅游产业的大背景下看待。在世界范围内，国际游客数量仅在过去二十年里就翻了一番，主要旅游目的地的增幅甚至超过了这个数字，洪水般涌来的游客造成了不可避免的紧张关系。例如，巴塞罗那经历了旅游业的大规模发展：

> 来访的游客数量近年来已经增加，从 1990 年的 170 万增加到 2012 年的超过 740 万。当居民们试图在一个游客人数常常超过 160 万居民的城市里继续生活时，对噪音、裸体、公共场所酗酒和乱扔垃圾的投诉量也会飙涨。

面对这些变化，城市必须平衡旅游业与城市中其他人的利益，包括居民的宜居问题。每个城市的需求是不同的，因为每个城市所面临的压力和挑战是不同的。

在空中食宿业务量很大的城市里，空中食宿也使得旅游业的增长面临额外的麻烦。公司很乐意因为它的生意给全世界的城市所做的经济贡献而受到赞扬，但它不太乐意讨论这对居民造成的其他影响。空中食宿一次又一次证明了自己在建设宜居城市方面是一个不值得信任的合作伙伴。

阿姆斯特丹的经验将许多问题暴露了出来。早在2012年，空中食宿在阿姆斯特丹面临一个大问题，即合法性：如果要把房屋出租给游客，阿姆斯特丹居民就必须在城市登记，留下业务记录，游客数量被限制在4人以内，出租面积要在40%以内。当时，空中食宿拥有约4000个房源，而阿姆斯特丹对2000起非法出租事件表示担心。

和许多城市一样，阿姆斯特丹的执法主要依据投诉，而且也没有大量执法人员。即便知道地址，该市也无力检查4000个房源。因此，2013年6月该市决定，只要没有投诉，没有任何消防安全问题，业主仍住在家里，该市就允许他们向游客提供短租。空中食宿对这个决定表示欢迎，说这表明"在大家都反对的非法酒店和普通居民可以偶尔对外出租自家房屋并获得惊人的经济效益之间，是可以划出一道界限的。"

这一决定于2014年1月正式生效，阿姆斯特丹市议会决定每年最多可以有60天的短租，只要短租行为能做到"安全和诚实，而且不会造成滋扰"。同样，这个决定也得到空中食宿的欢迎，因为这"便于当地居民分享他们所生活的家庭，同时打击那些滥用体系的违法酒店"。似乎大家都很高兴。

但是，故事并没有到此为止。到2014年8月，许多空中食宿的房东显然无视市议会的规定。市议会的研究表明，空中食宿在阿姆斯特丹有7000个房源，超过900个房源对外出租的人数超过了上限，超过500个房源对外出租的时间超过了上限；有"大量专业的、拥有多个房产的业主正在使用服务"，同时"有私人投资者购买了有吸引力的房产对外出租"。

到10月，全市22名专职检查员已经招架不住大量的邻里投诉，而空中食宿并没有提供帮助——市议会的劳伦斯·伊文思说："他们知道租赁的细节，能帮到我们，但他们不愿意这样做。"尽管公司声称欢迎在非法旅馆和普通居民之间划分界限，但它并无意真正帮助强制执行这个界限，通过更加严格地管理自己的"社区"来限制自己从阿姆斯特丹获得的收入。

很明显，许多房东也没有支付旅游税，而且许多人甚至不知道他们应该支付旅游税。12月，市政府和空中食宿达成了协议，要求空中食宿代表其房东来收税。《华尔街日报》的报道称："作为交易的一部分，空中食宿也将积极推动适用于阿姆斯特丹向游客出租房屋的规章制度。"

可惜的是，空中食宿的协议并没有帮助市议会执行这些它所欢迎的规定。市政府官员没有办法验证空中食宿收的税是谁支付的，或者税款金额对不对。像往常一样，空中食宿拒绝承担责任：空中食宿的高管帕特里克·鲁滨逊（Patrick Robinson）告诉一家荷兰的报纸说，该由房东来确保他们是否遵守规定："这不是我们的责任。"

其他城市失望地看着空中食宿从旅游中牟利，拒绝承担责任去管理为其带来利润的活动，拒绝向市政府提供必要的信息来执法。

在面向游客的房屋出租量以及居民投诉量爆炸式增长后，巴塞罗那在2014年4月取消了扩展区（译者注：巴塞罗那的一个区）的度假住房执照。和阿姆斯特丹一样，巴塞罗那的资源也很有限，无法定位和打击那些在无照的情况下把房屋出租出去的房东。和阿姆斯特丹一样，空中食宿本来可以帮忙但却没有，反而是用"家庭共享"这样的词汇给自己的市场占有描绘一幅美丽的图画："空中食宿在加泰罗尼亚的房东中，有77%只有一个房源，53%的房东说接待客人帮助他们保住了自己的家。"空中食宿的房东是"靠把自家的房屋拿来与全世界尊贵的客人共享来挣点零花钱的普通人"。另外像之前一样，虽然我从空中食宿网站上所搜集到的数据符合他们的说法（例如74%的房东只有一个房源），但空中食宿没有全部讲实话。公司的业务主要集中在旅游中心：三分之二的住宿集中在巴塞罗那十二个区中的两个。属于专业房东的房源占到该市全部房源的一半以上。空中食宿超过半数的收入来自于专业房东。

空中食宿对巴塞罗那的影响是多方面的，但至少其中一部分是破坏性的：它破坏了那些生活在业务量大的街区的人们的生活质量，它使得城市无法在旅游和城市生活的其他方面间实现平衡，它阻碍了城市为确立安全和其他标准而付出的努力。

　　巴黎的情况与阿姆斯特丹和巴塞罗那一样。这个城市是空中食宿最大的市场，有40,000个房源；房源如此之多，以至于在2014年夏季，有66,320个空中食宿的游客来到热门的玛莱区住宿，数量比在这里居住的64,795个居民还多。

　　这对城市的影响是巨大的。巴黎住房署长伊恩·布罗萨说："巴黎的公寓已经出现严重的短缺，特别是夫妇可以开始共同生活的一室公寓和两房公寓。现在我们面临日益严重的假期出租屋问题，投资者涉足于此并竭尽所能买下所有公寓。这已成为一门生意，其结果是市场上留给普通巴黎人的房产更少了，价格更高了。"

　　在巴黎，你可以把你的主要住房短期租给度假者，但巴黎政府认为，多达三分之二的短租住房并不是主要住房。像以往一样，空中食宿还是那些陈词滥调，没有提供数据来反驳这种说法。2015年2月，空中食宿与巴黎市长达成执法协议，但到了2015年5月，关系似乎再次恶化，巴黎市对玛莱区的2000个房源进行了实地检查。首席官员弗朗索瓦·普罗庭说："我们城市的中心正变得越来越荒废。渐渐地，那里只有游客了。"

　　如果没有当地人，空中食宿让你"过上当地人的生活"的说法便失去了意义；推广共享城市的说法越来越像是一家美国公司的托词：它不在乎去了解别的国家和别的城市的不同之处，但有权以他们自己的理由去制定他们自己的规则。

　　如果说有哪个城市能让空中食宿感到像是回到了家，那可能就是俄勒冈州的波特兰市。2014年3月，空中食宿就是在这里宣布其"共享城市"的倡议的。波特兰是第一个与空中食宿在一系列计划上展开合作的城市，旨在帮助该公司顺应城市发展的框架。公司还宣布，它要在旧金山以外建设第一家办事处。空中食宿还从波特兰市获得了法律批准，使其业务合法化：房东要接受安全检查，通知邻居，并花180美元拿到许可证；空中食宿将代表房东支付住宿税。市长查理·海耶斯说："我们必须在商业——包括这种新商业——和社区之间实现一种平衡。我想这一次我们做到了。"

但同样，关系迅速恶化。随着拿到许可证的最后期限越来越接近，约1600个房东中只有166人拿到了许可证。波特兰市要求空中食宿提供房东的地址和许可证；空中食宿的公共政策主管戴维·欧文（David Owen）拒绝了，理由是这些数据是私人的。市政专员尼克·菲舍（Nick Fish）质疑欧文时说，空中食宿号称"可以豁免遵守所有其他法律和社会规则，因为我们在某种程度上是'网络公司'。""我们欢迎你们来波特兰，我们很高兴看到你能驾驭互联网。但是先生，我们必须确保住在房东家的客人是安全的——而你又不去检查房东家——我们必须要确保游客的安全。"

在写这篇文章的时候，最后期限已过，但波特兰市没有针对这些房东或空中食宿采取任何行动。

空中食宿在旅游中心开展业务，这种反复出现的套路特别令人遗憾，因为显然有可能出现新的短租和游客住宿方式。做到了既不拘礼节又不会带来巨大业务量的是Couchsurfing等网站和旧式的廉价旅店。但空中食宿的投资者已经投入了大量的资金，希望得到回报，因此空中食宿就必须发展。为了满足其投资者，空中食宿别无选择，只能谋求成为一个全球性的公司，在尽可能多的城市里实现规模经营。既然有了这个目标，不拘礼节的共享所带来的好处都被抛在脑后。公司还大谈共享，仍然使用这些暖心的故事，但当它把房东们变得专业化并谋求提供一种一致的品牌体验后，它对全球旅游业就越来越起破坏性作用，阻碍城市兼顾旅游业和健康城市的其他需要。为了更贴近它所描绘的城市友好形象，它原本可以做很多事情——例如，它可以限制网站上房东公布的房源数，限制房东出租房产的天数，或限制一个街区里房源的密度——但它故意不去做。

在结束这一章前，我还要讲一个故事，这个故事是关于空中食宿在罗马的经历的。

我住在加拿大，但我的家庭原本住在英国，去年我回去看他们时，顺便和妹妹去罗马待了几天。这是一次很棒的旅行（我们也是住在租来的公寓的，但没有通过空中食宿），旅行中最精彩的是我们在特拉斯提弗列区度过的一个下午。虽然特拉斯提弗列区没有什么著名景点，但这里有许多鹅卵石街道、迷人的餐厅、一个美丽的广场和城市最古老的教堂。与城市其他地区相比，这里的工匠气息和放荡不羁的气氛正是其吸引力所在。

因此，像许多其他的游客一样，我们喜欢特拉斯提弗列区；像其他游客一样，我们带着钱，也把一些钱花到了那里，所以在某种程度上，我们的旅行对城市也有好处。但是，我们的到来当然也不全是好的：过多的游客会破坏那些让特拉斯提弗列区如此有氛围的事情——尤其是会破坏当地人的"正宗"生活，提高他们的生活成本，提高房价。说到底，作为游客，你当然希望罗马市和特拉斯提弗列区能够自己想办法来平衡各种压力。

并不奇怪，特拉斯提弗列区确实有过因为高档化和旅游业而爆发的冲突。下面这个故事发生在去年9月。1956年，特拉斯提弗列区有一家叫"美国剧院"的电影院开业，在它于2000年关张前一直是这里的特色。2004年，一伙新业主买下了这里，打算推倒剧院，改建为停车场和公寓楼。当地对这个计划表示反对并一直僵持到2012年11月一群年轻人占领了电影院。据说，他们把这里变成了社区的焦点，也吸引了一些意大利电影和艺术明星的注意。2014年9月，占领者被警察驱逐，但他们显然已在附近的其他地方扎根，抗议活动仍在继续。

这些和空中食宿有什么关系？是这样的……

图1是2014年5月空中食宿在罗马的8000个房源的地图。你可以看到，出租房源最密集、最昂贵的位于市中心。

利用评价数作为游客相对人数的参照，可以估计出哪些房源对于空中食宿来说是最有价值的。下图（根据这种估算）标出了罗马最有价值的房源——也许是罗马房租收入最高的房源。这个房源就是图2中的那个点。

如果你从这个房源向南看，可以看到"特拉斯提弗列区的圣玛利亚教堂"。这个房源——你不会感到惊讶的——就位于特拉斯提弗列区。这

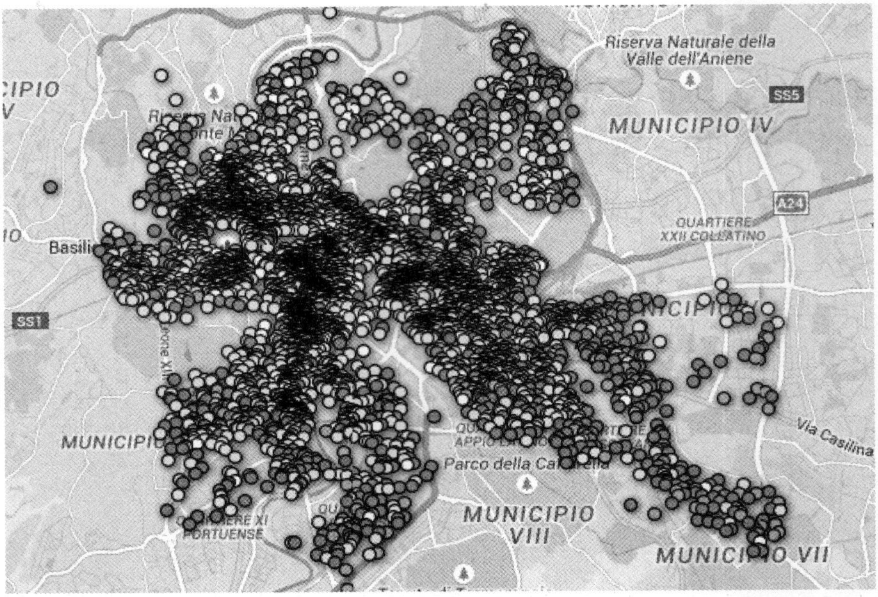

图 1 空中食宿在罗马的房源

图 2 罗马最有价值的房源

是一个美丽的观景区——每晚700加元（约为人民币3600元）的房价也确实不便宜。房源的文字说，该房源是"来这里住过并为空中食宿罗马房源专辑拍摄过视频的空中食宿员工亲自选出来的"，因此它的魅力同样已经引起了公司的注意。

空中食宿说它的主人"都是偶尔把自己家拿出来出租和用租金来支付账单的普通人"。那么，这个特别成功的屋子的主人是谁呢？

事实证明，马丁并不是特拉斯提弗列区的一个普通居民。他的祖籍确实在罗马，但他是一名在哈佛受过教育的科技企业家，住在得克萨斯州的奥斯汀，是一个"用从上一个软件公司那里得来的收益买下这个房子并把它租出去"的人。他现在是Vreasy公司的CEO。Vreasy是一个"新的软件平台"，是"旅游业和旅游市场的一股不断壮大的力量"。

马丁被空中食宿列为"超级房东"。除了这个"历史悠久的贵族套房"外，他的房源页面显示（2015年4月）他还有其他6个房源：罗马还有一个（"终极全景罗马套房"），摩纳哥附近有一个，巴塞罗那有两个，还有一个"水上飞机小屋"，可飞往任何一个欧洲湖泊，因此可以用作酒店。

我不认识马丁，也没有尝试和他谈过，因为这与马丁无关；这与空中食宿有关，与他们想展示的理想化的"普通人"与有多个房产的房主的现实之间的差距有关。他们一边说要关心邻里，另一边的现实是无序的旅游业导致高档化，而他们在加速这个过程方面起到了重要作用。空中食宿在特拉斯提弗列区的真实业务正在破坏该地区之所以吸引人的品质，这种业务正是特拉斯提弗列区当地人所要抗议的。

WHAT'S YOURS IS MINE

04　On the Move with Uber

_____

第 4 章

通过优步出行

共享经济中还有一个行业比住宿的规模更大，那就是运输行业，特别是共乘（ridesharing）服务。正如空中食宿主导了住宿市场一样，优步也主导了共乘市场，但优步创造市场的方式与空中食宿不同。共乘行业的故事就是一批公司相互学习、相互竞争，直到其中一个胜出。

但比共乘更早的是共用车辆。共用车辆就是人们在有限的时间里共同使用一辆汽车（使用权优先于所有权），而共乘是一个人作为乘客，乘坐另一个人驾驶的汽车。

正如"共享经济"已不再是一个现实的描述一样，共乘这个词也不准确，以至于美联社的体例中明确表示不要用这个词来形容优步。有些人称呼这个模式叫"搭车外包"；美联社的体例认为应该称之为"叫车"或"订车服务"。"共乘"这个词尽管不准确，但它仍被广泛使用，所以我也会使用这个词，不再使用双引号。

让我们从共用车辆讲起。

Zipcar

共用汽车的合作社已经存在了很长时间了，有些是作为非营利组织运营，有些是作为商业公司运营。从20世纪70年代开始，就一直有这样的业务。在我生活的基奇纳-滑铁卢地区就有社区共用汽车公司，它始建于1998年，目前仍在运营。

到了2000年，安特耶·丹尼尔森（Antje Danielson）和罗宾·蔡斯（Robin Chase）创建了Zipcar公司，给这一领域带来了新的追求。正如空中食宿公司的故事是雷切尔·博茨曼和路·罗杰斯《共享经济时代》一书的一大特色一样，Zipcar公司在丽莎·甘斯基（Lisa Gansky）2010年出版的《聚联网：商业的未来》（*The Mesh: Why the Future of Business is Scharing*）一书中也占据着重要的位置。Zipcar公司从来就不是一个P2P公司，因为汽车都属于公司，它是基于数字技术的一种"共享"或"协作"消费形式。甘斯基援引蔡斯的话，当时丹尼尔森向她介绍柏林的一个汽车共享服务："我脑海中有一盏灯被点亮了。我想，这不就是建设互联网的目的所在吗？"或许比空中食宿更早，Zipcar公司成为最初的共享经济公司。

Zipcar公司的确在成长：从波士顿起步（2001年）到纽约（2003年），然后到旧金山（2005年）、多伦多（2006年）和伦敦（同年晚些时候），到2008年会员数已达25万。Zipcar公司继续发展。它提供iPhone应用程序来帮助您预订汽车，从标杆资本（Benchmark Capital）和通用电气的商业金融车队服务那里获得融资，与竞争对手Flexcar合并，与西班牙汽车租赁公司Avancar结成伙伴，还收购了英国的Streetcar公司。（注：所有这些详情都可在Zipcar的维基百科页面上找到。）

公司的吸引力是三重的，包括经济、社会和环境三个方面：它提供了经济实惠的驾车方式（使用权优先于所有权），它营造了另一种社区的感觉（你是会员而不是客户），它推动了一个绿色的形象（比个人所有更有效地利用了资源）。正是这三重吸引力不断吸引人们进入共享经济。

遗憾的是，满足社会需求其实是希望大于现实。2012年，研究人员弗勒拉·巴尔迪（Fleura Bardhi）和吉安娜·埃克哈特（Giana Eckhardt）采访了波士顿的一批Zipcar用户，还与被调查者同乘一辆车，看他们是如何使用Zipcar的。结果发现，Zipcar用户更多的是受利己主义和功利主义的驱使，而不是受任何利他的社会动机所驱使。研究人员以为会出现一个以Zipcar为中心的社区，但结果却发现用户反对该公司创建一个超越市场交易的社区。Zipcar用户希望"以牺牲物品（即汽车）以及其他用户的利益为代价，追求自身利益"，因此，为了防止其他用户恶意利用共享汽车，公司"欢迎采取监管和控制措施"。在一次采访中作者说："Zipcar公司以严谨的治理作风来确保参与者遵守共享汽车的规则，确保汽车按时交回、油箱加满油等。消费者赞成甚至希望有更多这类监管，因为他们觉得这是系统有效运行的唯一方式，而如果Zipcar不出重拳执法，他们不相信对方能遵守规则。"

巴尔迪和埃克哈特还认为Zipcar的用户受政治消费主义的驱使，常常谈论反对汽车以及环保等问题，不过他们也没有找到这些动机存在的证据。

与其拥护者所说的完全不同，Zipcar公司显然更多的是在从事一种正常的、主流的消费交换，所以Zipcar 2013年1月被汽车租赁公司安飞士（Avis）收购也就不足为怪了。被收购之后，没有迹象表明Zipcar用户和公司之间不是简单的商业交换，也没有迹象表明用户之间存在某种联系。

Zipcar品牌继续宣传着环保理念。其大学网页上说："每一天，我们都在朝着越来越少地依赖自有车辆的目标前进。为什么？因为这很重要。

Zipcar的每一辆汽车可以让路上减少15辆自有车辆。"但是，这个说法背后缺乏实质内容。社会学家贾森·索多斯基（Jathan Sodowski）称这个说法来自于2005年（Zipcar公司刚出现的时候）交通运输研究委员会的一份报告。该报告涵盖了所有类型的共享汽车模式（营利的和非营利的），其结果是家庭放弃买车而选择共享汽车。交通运输研究委员会并没有把它给环境带来的好处当一回事（毕竟这并不能说明总里程数下降，只能说明汽车保有量减少）。

　　Zipcar公司是否给环境带来好处的说法取决于它跟什么进行比较。Zipcar公司的一辆汽车貌似比15辆自有汽车对环境的影响更小。但同样，Zipcar公司的一辆汽车貌似比广泛使用公共交通对环境影响更大。因此我们至少可以说，Zipcar公司用"15辆汽车"的数字来鼓励大学生参与共享汽车的做法是厚颜无耻的：这种做法有可能会增加上路汽车的数量而不是减少。Zipcar公司的大学页面上承诺"更高程度的自由……享受有车的便利性但无需把车停在校园"；自由和便利是与公共交通进行比较的。

　　因此，社区已经不复存在，而且公司只有在方便的时候才会去谈环境上的好处。正如社会学家朱丽叶·肖尔所说的，剩下的是一个"曾经披着共享经济的外衣，现在却是安飞士旗下子品牌的"公司。与此同时，那些没那么有野心的共享汽车方案如本地的汽车共享合作社仍在以10年前的方式继续运营。

　　Zipcar公司的故事与空中食宿的故事很相似：最初的动机都是围绕社区以及围绕一种不以营利为主要目的的互动关系而建立的；都十分渴望增长；都快速地扩张；最初的模式都遭到破坏；最终都成为一个大公

司——在经济上取得成功，但这些都已完全不能对目前的经济模式发起挑战，也未能实现可持续性或社区理想。尽管共享经济大谈反消费主义，但这些规模扩大后的共享经济公司和它所颠覆的公司一样，走的都是消费主义的路子。

Lyft

Zipcar公司和空中食宿公司并非特例。接下来我们谈谈Lyft公司：又一家利用了社区和共享这些美好理想所产生的良好意愿的公司。你不会惊讶于在追求增长和利润的过程中，Lyft的故事是如何变味的，它对社区和人与人的交往的承诺又是如何丧失的。

2007年，洛根·格林（Logan Green）和约翰·齐默尔（John Zimmer）在康奈尔大学推出了一款共乘程序Zimride。该项目代替了传统的学生共乘布告栏，将布告栏搬到网上，要求用户用他们的脸书账号登录。脸书账号登录意味着人们可以对自己的同行人有一些基本的信任：至少他们都有名字和找到他们的方法。

Zimride在康奈尔大学大获成功，全校五分之一的学生都申请参加。然后，他们拿到了创业资金，搬到旧金山的湾区，并向新的大学扩张。不过学生们在城市间旅行的次数有限，而Zimride却有着更大的野心。

2012年，Zimride推出了Lyft，一款为短途旅行（城市内而不是城市间）的驾驶人和乘客进行匹配的应用程序。这个想法听起来像是拼车服务，但Lyft又做出一个决定以扩大其产品规模：让司机在旅程中挣到足够多的钱，从而愿意承担他们本不会承担的旅行。Lyft的司机不是选择顺路且可以分担旅行开销的人（如拼车），他们要去找搭车人，问他们要去哪里，然后把他们送到那里（为了挣钱）。

起初，Lyft保持着社区的感觉。Lyft汽车最明显的标志是一个大大的、有点老土的粉红色八字胡。乘坐者坐在前排座，启程前两人要互碰拳头：与北美传统的出租车做法完全不一样。司机不收费，但乘坐者可以给（基本上是会给的）一点捐款，而Lyft会提示捐赠的金额。营销活动中宣传司机是普通人而不是职业司机（"一个自己有车的朋友"）并强调这种体验的社区特性。

Lyft专注于增长。2013年6月，他们从以安德森-霍洛维茨公司为首的硅谷风险投资家那里筹集了6000万美元。在讨论交易时，安德森-霍洛维茨公司的斯科特·韦斯（Scot Weiss）说："Lyft是一个真正的社区——司机和乘客都是天生的社交达人，他们收获了真正的友谊，也节省了金钱。"Lyft的约翰·齐默尔（John Zimmer）对投资目标有着更清楚的认知。他说："安德森-霍洛维茨公司非常适合我们，因为他们的生意很大……他们都是很有造诣的经营者，了解如何扩展业务。"

在收购之初，媒体对Lyft所从属的行业困惑不已。例如，《时代》周刊写道："今天，数百万人驾驶着空车到处行驶，而另有数百万人却没有负担得起的运输方案。Lyft的目标是弥补这一差距。"Lyft本身也鼓励这种把自己的商业模式与拼车等非商业活动混为一谈的做法：2012年业务上线时，记者利兹·加内斯（Liz Gannes）问约翰·齐默尔关于保险和监管的事情。他的回答是："我们的理解是对于共乘，您可以使用您的个人保单。至于监管，很多国家的法律是支持拼车和共乘的，他们想让这种业务运转起来。"

当然，大多数Lyft的司机是不会让碰巧去同一个方向的人搭车的。他们非但不为了省钱，还靠驾驶赚钱。很快，事情变得更加清楚：2013年7月，公司把原有的Zimride业务卖给了企业租车公司，把重点放在Lyft上。由于不时会有一些乘客不按照建议的额度捐赠，导致不愉快的事情出现，所以2013年下半年，Lyft废止了自愿捐赠制度，改用收费制度。

2014年，这个趋势得以继续：4月，公司再次募集到2.50亿美元以支持发展；5月，公司在旧金山推出了SUV服务，摒弃了所有的环保理念；12月，Lyft明确表示，互碰拳头、在前排就座和粉红色的"八字胡"都变成了可选项。2015年3月，公司又筹集到5.30亿美元，5月又筹集到1.50亿美元，其资金总额高达10亿美元。2015年，该公司计划把每月的出行量从250万提升到超过1200万，预计2016年的出行量超过2.05亿。和Zipcar以及空中食宿一样，随着公司的资金达到新的高度，其业务中所有的共享内容都已经被抛弃。

名字奇特的法国公司BlaBlaCar一直保持着Lyft原来的理念，即做数字版的学生布告栏，为长途旅行提供匹配服务，乘客更像是搭便车而不是坐出租。BlaBlaCar的司机无法靠驾车来挣钱：建议的车费小于从A地到B地的驾车成本。老实说，司机可以靠提供搭车服务来抵消他们的成本，但提供不了额外收入，所以他们不要求商业保险，也不用解决所得税的问题。

一段时间以来，BlaBlaCar拒绝了风险投资的诱惑。2014年7月，它募集了1亿美元，并用这笔钱把业务扩展到其他国家，收购竞争对手，尤其是德国的拼车公司Carpooling。这是很大一笔投资，但只相当于Lyft所募集资金的十分之一。不过，两家公司报告的每月出行量差不多；Lyft声称

2015年初，每月有250万出行量；BlaBlaCar在2014年10月报告说，他们每月有200万的出行量。

当来自投资者的收益压力增大后，BlaBlaCar能否维持目前的模式，还有待观察。

优步

Lyft启动时可能怀有社区和分享的理念，但比它更大、更加成功的竞争者优步公司则没有这种惺惺作态。就像它名称所显示的那样①，优步从一开始就强调地位。它的口号是"每个人的私人司机"；公司创始人兼首席执行官特拉维斯·卡兰尼克（Travis Kalanick）在2013年接受采访时说："我们只是想按一下键，就有人送一程。我们希望优雅地搭车……这就是我们想要的。"优步从来就不是Peers的合作伙伴。优步成立于2009年，但直到2013年，还从没有说自己是共享经济的一部分。一些共享经济的支持者也不接受优步是共享经济运动的一部分，但对很多人来说，现在的优步就是共享经济。

优步起步时是一家提供黑车服务的公司。客户通过智能手机上的应用程序叫车，现成的豪华轿车司机就会回应。付款通过信用卡，客户对这项服务的热衷足以使优步的收费高过其他黑车服务公司。从2009年到2013年，它迅速从一个城市发展到另一个城市，但Lyft等价格较低的公司也在提供共乘服务。慢慢地，优步公司认识到了共乘公司所具有的成本

---

① Uber 的英文原意为"最好的"、"超级的"。

优势，于是它决定，如果不能打败对手，那就加入对手的行列：

> 在全国的大部分城市，监管机构已经决定不对使用共乘应用程序的无照运输提供者执法。这种不作为造成监管机构的模棱两可，进而形成了一边倒的竞争，最终优步处于劣势。

优步于是推出了优选服务。和Lyft一样，它依靠的是有车却无营业执照的司机，许多人还没有商业保险。优选已经以迅雷不及掩耳之势扩大了业务：司机数从2013年1月的不到1万增加到2年后的15万多；2015年3月，优步声称其业务遍布55个国家的大约300个城市（与只在美国经营的Lyft不同）。

优步的扩张靠的一直是一轮接着一轮的风险投资：截止到2015年7月，该公司已经募集59亿美元，比北美地区所有其他共享经济公司加在一起还要多。这些资金来自于硅谷的风险投资公司，还有谷歌风投、高盛、卡塔尔投资局、中国互联网公司百度和亚马逊CEO杰夫·贝佐斯。在写这本书时，优步仍旧是一家私有公司，但拥有相当于400亿美元的市值——比三大汽车租赁公司（赫兹、安飞士以及企业租车公司）加在一起的价值还要高，相当于福特汽车公司价值的三分之二。

优步还雄心勃勃：它探索过各种搭乘服务，从拼车到高端豪华服务，还有快递和物流，但现在优选已成为其业务的主体。尽管形象不同，但同时谈论优步和Lyft是有道理的，因为二者最后所提供的服务在本质上是一样的。Peers等组织发起的运动，使加州成为第一个为所谓"交通网络公司"（Transportation Network Companies）单独制定规则的州，优步和Lyft是其主要受益者。此后，交通网络公司的架构已被科罗拉多州以及西雅图、明尼阿波利斯、奥斯汀、休斯敦和华盛顿所采用。虽然存在差异，但基本原则是一样的：这些公司"使用在线程序或平台（如智能手机应用程序）提供预先安排好的运输服务并收取补偿，把使用个人车辆的司机与乘客连接起来。"这些公司相互争夺司机，一些司机同时为两个平台出车，在他们车上有两个公司的应用程序。

在一个又一个城市，围绕共乘服务的辩论正在展开，而优步首当其冲。辩论涉及很多事情：有的涉及我们作为消费者，有的涉及我们作为公民，有的涉及我们作为员工，有的涉及政府的作用和企业的职责。鉴于公司成功地建立起一个热心的客户群，很多媒体在报道时把优步描绘成一个不可避免的未来——一个紧张的市政府必须适应的未来。记者托德·赫希（Todd Hirsch）讲述了下面的例子：

> 这是一个说了一遍又一遍的经济学故事。相机胶卷制造商、音像店、音乐唱片业。也许最有名的莫过于卢德分子——19世纪英国的纺织工人，靠破坏机械纺织机来反对引进机械纺织机。他们中的许多人未能适应新的、颠覆性的技术，因而走向灭绝。下一个出现在清单上的可能是出租车行业……

把优步与技术进步混为一谈正是该公司想要的。毕竟，谁能对抗未来？但是，还有一种可能，那就是优步并不代表交通业的必然发展。每年都有数以千计的新科技企业被创建，它们中的许多曾经一飞冲天，但最后都失败了：Groupon到头来并不代表购物的未来；MySpace也不是社交网络的未来。2014年11月，多伦多市长庄德利（John Tory）要"坐下来与优步、Hailo以及其他公司谈谈"，但Hailo已关闭了其北美业务。巴黎已取缔UberPop（欧洲版的优选），但还有Autolib——它拥有2500辆车、155000个会员、3000多万英里的总里程，或许是世界上最成功的电动汽车共享计划。通向未来的道路有很多——很多创新的道路——而最好的道路并不是现在这种形式的优步。

在更深入考察优步之前，让我们停下来思考一下出租车。优步的首席执行官特拉维斯·卡兰尼克说，他的公司参与的是一场类似于选举的事情，其中"优步是一个候选人，而（对手）是一个叫出租车的混蛋。我对它并不完全满意，我们必须讲出真相，告诉大家出租车有多么邪恶。"卡兰尼克在聘请奥巴马的前智囊戴维·普劳夫（David Plouffe）来运作优步的政治游说时还提到："我们的对手就是出租车大联盟。"但世界上根本就没有"出租车大联盟"这种东西。出租车公司的业务一般局限在某个城市，至少在优步出现之前是这样。

优步不仅发起了反对出租车公司的运动，还发起了反对现行出租车规定的运动。法律系教授保罗·斯蒂芬·登普西（Paul Stephen Dempsey）在1996年的一篇论文中关注了实行管制的两大动机：服务水平（限制出租车数量和调节票价）和服务标准（普及性、安全标准和保险要求）。他还探讨了当城市试图放松管制时会发生什么事情。

在一些城市，出租车司机是一个熟练工种。最著名的例子是伦敦，司机需要参加"知识"考试。申请者要想成为一名司机就必须记住伦敦市所有25,000条道路，还有道路上的所有门店或地标。但在大多数城市，出租车驾驶并不是一个熟练工种，行业的开放导致了街头出现大量空车，出租车停靠站排着长龙，为令夺乘客竞争激烈。而且，奇怪的是，这种情况反而导致价格更高。例如，1979年西雅图放松管制后却发现"服务质量下降，车费更高"；2004年美国的一份报告指出：

> 一些研究——包括1993年普华永道的研究——发现，总体而言，在放松管制的许多城市，出租车的供应量增加，车费增加，服务质量下降，拒载更多，车况变差，出租车供应量增加所导致的拉客情况更加严重。

供应量增加和车费增加同时出现，这与人们的直觉相反：在一个竞争激烈的市场中，供应量的增加应该导致价格下降。但是显然，乘客在打车时没办法对出租车货比三家，所以乘客更容易被多收钱，特别是在有出租车停靠站的地点如机场和火车站。经济学的一般规律是一回事，而邪恶却常常出现在细节中。

较高的价格并没有给出租车司机带来更高的收入，因为司机花了更长的时间排队等候在出租车停靠站，或者驾驶空车在街上行驶，寻找下一个乘客。在一些城市，出租车的数量之多甚至有可能导致交通拥堵，出租车的供应量与城市在其他交通管理方面所面临的挑战密切相关。限制进入出租车市场和规定收费标准是解决这些问题的办法，可以在为乘客提供可预期的服务以及保障司机的合理要求之间实现平衡，并在某些情况下保持交通畅通。

规范出租车的供应量远没有获得普遍的成功。北美的许多大城市要求出租车获得数量有限的营业执照，执照往往采取出租车牌照的形式。牌照近年来已经成为一种有价值的投资，以至于一些人表示，有牌照的车主已经变得像地主了。他们对出租车服务无所贡献，但从真正的出租车司机那里榨取租金。不过，实际情况比较复杂：在一个有很多出租车都是由汽车所有者来经营的城市里，出租车牌照可以被视作是一种退休投资，一种对驾驶行业低收入的补偿，而非榨取租金、减少本来就很低的收入的方式。不过，出租车司机本身往往是些中年男性移民，工作时间长，报酬非常低，而且驾驶出租车是最危险的工作之一：在加拿大和美国，出租车司机似乎是上班时谋杀风险最高的职业，比榜单上的下一个职业（警察）高两倍。

对标准做出规定，化解了人们对每一辆汽车以及对城市总体服务水平的诸多担忧。

消费者不可能在上车时检查车辆的制动性能，也不知道发生事故时由谁来负责，因此规定要求出租车应通过车辆检查并购买商业保险。

满足各方需要是大多数出租车系统的指导原则之一。城市要求出租车服务公司提供一定比例的儿童友好型车辆、方便残疾乘客的车辆、接纳服务犬等等。多伦多这样的城市要求所有的出租车都必须在今后10年内做到方便轮椅上下车。当新的担忧出现时，城市是可以解决的，比如伦敦引进零排放汽车来解决环境问题。

在许多城市，出租车行业的变化很缓慢，但由城市层面来管理出租车行业的事实，则意味着出租车行业可以为满足需求和城市传统而做出调整，因此在纽约和伦敦等城市，出租车已经变成了一种符号。出租车行业只是城市不断要解决的交通管理问题的一部分。通过城市来治理，可以平衡出租车能够与城市交通体系的其他部分如公共汽车和地铁，也可以与其他管理手段如征收拥堵费相配合。世界各地的城市数量之多，也意味着各个城市之间可以效仿彼此的交通创新手段，比如在过去十年里在世界各地城市里蓬勃发展的汽车共享和自行车共享计划。

从平衡消费者和司机的利益，到为客户提供可预测的定价，再到确保每辆车的安全以及整个系统融入城市交通体系，它对交通的意义要远胜于简单的市场交换。

优步登场了。优步的投资者显然认为，它注定不是出租车领域众多参与者中的一个。他们认为，数字技术带来的经济性将使优步在出租车服务、快递和其他相关工作中成为真正的赢家。

并不是每个人都认为数字技术"赢家通吃"（winner-take-all）的属性也将适用于优步，因为毕竟优步只能算半个技术公司。目前，全球竞争业已展开；特别是亚洲本地的竞争对手已经有了快速的成长（中国的滴滴打车已筹资34亿美元，印度的奥拉、新加坡和印度尼西亚的GrabTaxi已筹资5亿美元）。但迄今为止的证据显示，许多大投资方下赌注的依据是市场对大企业的青睐。这是优步首席执行官特拉维斯·卡兰尼克所承认的、要破坏主要对手Lyft筹资工作的一个原因。共乘模式是一种"双边市场"，而优步则管理着乘客和司机的供应量。平台上乘客数量越多，对司机就越有利；平台上司机数量越多，对乘客就越有利。启动螺旋式增长对于任何想进入市场的入行者来说都是一个挑战。业务的技术成本在优步所运营的所有城市得到分摊，所以说优步在纽约获得的成功也有助于其在圣迭戈的业务。

如果共乘市场确实是赢家通吃的，那么为了迎合优步而对运输系统进行重组（允许它们在无需负担出租车公司需要负担的费用和不遵守出租车公司需要遵守的规定的情况下开展业务），就相当于把市场拱手送给优步。那么，如果让优步掌握了方向盘，我们会生活在一个什么样的城市里呢？

2014年和2015年，优步对其司机挣钱有过一系列说法。这些说法与空中食宿所说的故事不同，并不是彻头彻尾的谎话，而是持续不断的夸张、有选择的言论和曲解，它们在过去的一年里已经不再可信。

这个故事始于2014年5月。当时公司在优步网站上声称，纽约市一名优选司机的中位年收入是90,766美元，旧金山是74,191美元。这个说法受到许多评论家毫不质疑的追捧。最重要的是马特·麦克法兰（Matt Mcfarland）刊登在《华盛顿邮报》上的文章《优步惊人的增长可能会终结司机低工资的时代》。麦克法兰指出，普通出租车司机的薪水大约是30,000美元，所以他说二者的差距"太惊人"了。

随着故事流传开来，很多人也纷纷发布好消息。CNBC的文章说："优步9万美元的薪水可能会颠覆出租车生意"。企业家网站声称："纽约一名优步司机的中位收入几乎达到100,000美元"。来自科技行业的首席执行官麦克·琼斯（Mike Jones）说："你有开车的资格，但你不是专业做这个的。恭喜，你每年可以靠优步挣9万美元的平均工资"。

对于许多经济学家来说，这个故事太简单了，罪魁祸首也很明确：那些所谓的"规制俘虏"，即那些把所有的钱从出租车系统中卷走但没有创造任何价值的出租车牌照所有者。如果把他们清除出去，通过更好地匹配司机与乘客来提高效率、减少等待的时间，我们就能进入城市交通的新时代。

可是随着时间的推移，优步在列出美好数字之余，却忘了证明它如自己所说的那样优秀。

《华盛顿邮报》确实在正文中提到，这个数字是"每周工作超过40小时的司机"的收入中位数。但金融记者费利克斯·萨蒙（Felix Salmon）指出："这个样本中司机工作时间的中位数将大大超过40小时。"他不断想得到优步方面的澄清，但无人理睬。

另外，麦克法兰写道："优步的数字没有考虑到司机持有和运营车辆所产生的成本。"和许多人一样，麦克法兰认为这些费用并没有大到足以改变优步的整体图景。

出租车的收入和雇佣模式因城市的不同而有很大差别，不过对比优步的估计数据与洛杉矶、圣迭戈和多伦多的出租车报告我们可以发现，优步车费打8折、再加上1美元的"安全收费"，其实与汽车车主收取的钱差不多，所以这里本来就没有什么神奇的地方。汽油、维修、折旧、保险以及额外的费用（过路费、停车费）占车费的一半左右。如此，司机的收入便下降到45,000美元（纽约）和37,000美元（旧金山）。

最后，优步也不是随机选择纽约和旧金山来报告的：公司之所以选择这两个城市，是因为那里的优步司机赚得最多。之后的一份报告显示，纽约市的收入明显高于其他任何城市，而旧金山当仁不让地排在第二位。而许多城市的收入约为30,000美元，恰好是出租车司机的平均收入——可惜报告出来的时候，90,000美元这个数字已经深入人心了。

自从提出90,000美元的说法后，优步已经越来越不可信了。寻找挣

90,000美元的司机的记者称他们是在寻找优步的独角兽，到头来两手空空。公司从未拿出更加完整的数据来证明自己的说法或回应费用的问题。2014年，优步司机抗议收入太低，4月和8月在西雅图，5月和10月在旧金山，9月在洛杉矶，9月和10月在纽约，10月在伦敦：如果他们的收入真的像公司说的那么高，这种情况就不太可能出现。收入低成了在"优步人"等论坛和Reddit网站上活跃的司机们常常抱怨的内容。来自个别优步司机的说法也都与优步所说的收入数字相去甚远。

当优步把业务扩大到一座新城市时，它会向司机和乘客提供补贴和特别优惠来启动业务。当它站稳脚跟后，它从车费中拿走的比例越来越大，还常常降低车价。慢慢地，优步从每一笔车费中拿到的分成越来越大。2014年4月，优步推出每程1美元的安全收费，将公司从短途旅程中拿走的分成比例提高到30%左右。7月，它开始向司机收取每周10美元的智能手机使用费。9月，优步将向旧金山新司机收取的佣金提高至车费的25%。2015年5月，它开始试点提成30%——比大多数有牌车主都多。

在最近的试点前，优步的首席财务官布伦特·卡利尼克斯（Brent Callinicos）在与潜在投资者的会议上提到，优步可以轻易将车费提高25%到30%。风险投资家迈克·诺沃格拉茨（Mike Novogratz）问了他一个问题："你的员工快乐，你的客户满意，你的股东高兴。三方面都对你们公司很满意。那么你为什么要冒这个险，把员工工资下调5%？"卡利尼科斯回答说："因为我们能办到。"

降价时，优步坚称这对司机是好事：每名司机跑的单更多了，这可以弥补降价的影响。2014年10月，它列举了一些数字来支持这些说法：优步在公司的博客文章中称，纽约的降价使得司机的平均毛时薪（在优步扣除一部分之前）从2012年的25美元增加到2013年的27美元再增加到2014年的36美元。（2014年扣徐优步拿走的部分和缴税后，在覆盖成本之前，司机的时薪为25美元。顺便说一句：按照这样的速度，司机一年中每周要工作70小时才能挣够9,0000美元。）司机们在更多的时候忙碌着，所以虽然每单车费少一些，佢其总收入还是增加的。

不过，一个用来估计实际收入的重要数据再一次缺失了，这就是里程表上显示的里程数。更多的单显然意味着更多的汽油以及更多的汽车磨损。在这份由公司委托并由著名经济学家艾伦·克鲁格和优步政策研究主管乔纳森·霍尔撰写的报告中，司机缴纳费用的数据也缺失了。他们主要的结论是优步的增长真的很迅速——令人印象深刻但并不意外，优步司机的收入比出租车司朹更高。他们报告称纽约的优步司机时薪为30美元，其他城市少些（波士顿为19美元，洛杉矶为17美元），然后将之与政府数据对比，结果显示出租车司机的收入要比优步司机少约30%。和优步以往的报告一样，克鲁格和霍尔对费用只是无所谓地耸耸肩：

> 驾驶成本以及税后净盈利如何具体量化是今后的一个研究课题。然而数据表明，除非他们的平均税后成本超过每小时6美元，那么优步司机每小时的净收入平均来说肯定要超过出租车司机和专车司机。

一些评论员向这个差距发难。如果掌握了行驶的里程，合理的估计应该不难做出，显然优步可在系统上跟踪所有汽车。《华盛顿邮报》记者安德烈亚·彼得森（Andrea Peterson）写道：

> 国税局为了征税而设定标准里程费率。2015年，纳税人驾驶用于

上班的车辆每英里可扣 57.5 美分的税费。这个费率是根据每年对车辆运营成本的研究——维修、保险、保养、加油及折旧等项目做出的，而这些优步报告中并未考虑在内。

根据这个数字，经济和政策研究中心的迪恩·贝克（Dean Baker）估计，优步司机要想胜过传统的出租车司机，每次驾车的平均里程就要"比8英里少得多"。贝克还指出，如果优步司机不支付商业保险，或者不像商业司机那样投资于车辆的保养，那么他们的成本将少一些，拿回家的钱多一些："如果是这样的话，这将是在新经济下发财致富的典型故事。想办法避开规定，然后宣称这是一个伟大的创新。"

我们确实还有一个来源能掌握有关司机收入的信息，那就是司机自己。其中一个最全面、最细致的来源就是费城记者埃米莉·君德尔斯贝格（Emily Guendelsberger）记述的她当优步司机的经历。她细致地记录了自己以及和她分享细目的其他司机的开销，她发现自己每小时总共能挣约17美元，而在优步拿走28%的提成、扣除19%的费用后，最后只剩每小时9.34美元了。

如果报酬真的这么差，为什么还有那么多人为优步工作？对于那些有车族，为优步工作是把资本转化为现金的一种方式；一些人低估了全职驾驶的成本；对于一些人来说，灵活是一个福音；对很多人来说，为优步工作准入成本低、工作技能要求低，这工作聊胜于无。在许多城市，随着优步降低了人们对出租车的需求，出租车司机的收入也有所下降，这也使优步成为最佳的替代选择。

对优步司机收入的讨论只触及了一个复杂且不断变化的问题的表面。

不过，这场讨论的结果是：实际收入与90,000美元的说法相去甚远。尽管这个数字还在被人谈及（若德尔斯贝格提到"许多乘客都在追问90,000美元一年的数字"），但如果把开销算在内，优步司机拿到手的钱似乎和出租车司机差不多，同时优步介入的程度以及拿走的分成和有牌车主一样多。

出租车公司对优步和Lyft的一大不满是他们遵守的标准不相同，出租车的标准要比那些共乘公司更加严格。

优步认为，它的司机要经过全面的筛选，但一系列的调查对这个基本上靠计算机完成的过程提出了质疑。筛选过程不太牢靠。戏剧性的是，《卫报》（*The Guardian*）曾与一个申请为优步英国公司工作的举报人合作。优步筛选进程的其中一项是上传汽车保险单据。举报者上传了一份假的保单，用了一个虚构的保险公司Freecover，但优步公司还是批准了他的申请。另一位司机说，有些司机对文件进行图像处理；在美国，有司机声称很容易绕过筛选过程——用别人的账号来驾驶就行。

优步司机和乘客遭到殴打的案例已有很多，不过驾驶出租车同样危险，也有出租车司机被打的事情。两者之间的区别是人们或社会可以要求出租车公司做得更好并要求其负法律责任。优步认为，虽然安全是他们最重视的事情——他们没有忘了说这个，但司机不是优步的员工，因此优步对发生在搭乘过程中的事情并不负有责任。

同样的事情也发生在汽车安全标准上。优步在面对压力后调整了它在不同城市的策略：例如在多伦多，由于它所引发的争论越来越大，优步采取了让一位获得认证的机械师来检查车辆的办法（多伦多每6个月要对出租车做例行检查），但公司也可以按照自己的意愿单方面修改这个标准。例如，2015年2月，优步将许多主要市场上的优选汽车的最高年限提高到15年。

许多城市制定规则的一个原因是为了确保城市交通系统的普及。对出租车的两个常见要求是出租车服务必须覆盖城市的所有地区，他们必须准备接送所有人，不能有歧视，包括残疾人在内。不同人群对优步的不同反应显示，出租车和优步融入城市环境的差异很大。

在加州，一旦公司被认定为属于交通网络公司，监管部门"便要求这些交通网络公司提交报告，介绍它们是如何照顾残疾用户的，因为这些公司的业务主要是让使用自己车辆的司机提供有偿载客服务"。残疾人权益倡导者拉里·帕拉迪斯（Larry Paradis）表示："这些计划都还在试验阶段，没有解决根本的问题，即保障有足够多可供使用的车辆让行动不便的残疾人使用整个运输系统。"从那时起，优步和其他运输网络公司在解决普及性问题上没有多少进步，残疾人团体和个人公开发表意见，认为这些公司没有达到普及性标准。

2014年9月，全国盲人协会起诉优步公司，声称"优步违反了《美国残疾人法》（*Americans with Disabilities Act*）和州法律中规定的平等使用权的基本要求"，在加利福尼亚州、得克萨斯州和亚利桑那州，也有涉及《美国残疾人法》的案件在审理。个别事件包括司机拒绝搭载携带导盲犬的盲人客户、驾车离开携带轮椅的乘客以及不为其找替代方案等。《美国残疾人法》要求待租车辆应为轮椅使用者提供"合理的存放手段",但城市规划系教授桑德拉·罗森布鲁姆(Sandra Rosenbloom)在接受非营利期刊《下一个城市》(*Next City*)的记者泰德·特劳特曼(Ted Trautman)的采访时说:"总的来说,这句话没什么意义。"特劳特曼还采访了Lyft的发言人,后者承认提供可安放轮椅的车辆对于Lyft和优选来说是个挑战:"因为这些车是人们自家每天要开的车。"交通网络公司的迅速崛起带来了一个影响,那就是在一些域市,它剥夺了轮椅使用者的交通选择。

如果Lyft和优步声称要提供市内运输服务,那么普及性就是它们必须要解决的一个挑战,但没有多少迹象表明它们正在这样做。在一些城市,优步引入了优步使用和优步帮助等计划,帮助客户叫一辆残疾人可使用的车辆,但是没有多少证据显示这些计划是有效的,而且公司也没有提供任何相关的数据。优步反而反其道而行之,称《美国残疾人法》并不适用于他们。这是共享经济公司鱼与熊掌想兼得的众多案例之一,优步只是耸耸肩表示无奈:法律并不适用于它,因为它不提供公共服务,它仅仅是一家匹配司机和乘客的技术公司,他们没有"法律或契约责任来要求大家遵守法律。"

在其他地方如华盛顿特区,市议会议员玛丽·切(Mary Cheh)提议立法要求出租车公司在2016年年底前保证12%的车辆可供残疾人使用,并且上报需要使用残疾人车辆的人数。优步反对这项立法,称法律可能会"给私人出租车公司造成过多的监管负担"。

空中食宿也声称,不歧视和接纳残疾人的规定并不适用于在其网站上公布的大部分房产。残疾人权益保护者认为,空中食宿网站不能帮助残疾人找到合适的住宿(根本没有办法搜索到接纳残疾人的房源,极少数房源提到是否接纳残疾人）。

　　空中食宿、优步和Lyft均采取措施，劝说或鼓励服务提供者提供助残服务，强调它们对帮助残疾人的承诺。但这些承诺都没提到要为这些给它们带来收入的服务承担责任。

　　在许多情况下，共享经济公司一直争论说，在新科技和新商业模式的背景下，城市的规定已经过时。有关残疾人的规定显然没有过时，但企业认为这不是它们的问题。如果这些公司嘴上说的原则瞄准的是其经济利益，那么我们就很难对它们肃然起敬了。

　　共乘和种族的关系也很复杂。

　　在美国的许多主要城市，特别是在纽约，有色人种一直认为他们经常被出租车司机所忽视。尽管法律规定了普及性原则，但出租车公司却不在他们所在的社区提供服务。例如2012年，拉托雅·彼得森（Latoya Peterson）在Racialicious博客上写到了她的几次打车经历："出租车压根儿不愿停在一个在街角等车的孤单黑人女孩的身旁，却忙不迭地去接几米之外的白人夫妇"，并与优步提供的高级作做出了对比："这个价格让我窒息，但其他的经历是完美的：我知道什么时候我的车会到，他们到的时候我就能收到短信，给他们地址时也没有人找茬，一路上相安无事。"

　　但就像彼得森更近期的帖子中所写的，我们需要看清优步为何会带给她不一样的经历。出租车司机对自己的工作可能不能掌控太多，但有一点他们是能够控制的：去接谁和把谁扔在路边。所以，出租车司机群体中有没有歧视倾向（不明显的或明显的），有一个简单的方法就能使之暴露无遗：他们往往会把有色人种放在路边。优步司机不会这样做有两个原因。首先，他们从手机app上得到的电召信息并不会显示顾客的照片，显示的只有姓名，所以司机在应召或拒绝时缺乏出租车司机所能掌握的线索。其次，优步要求司机的接单率达到90%以上，违者就会被取消资格，所以拒绝一个潜在客户是有代价的。

　　所处的环境不同，种族歧视的表现也会不同。黑人客户较好的用户体验，是优步系统始料未及的副作用。优步司机一开始就被告知要开到哪里，所以他们可以避开他们所认为的城市"危险"地带。优步和Lyft也被控"歧视"：不对贫困和少数族裔地区提供服务。社交媒体上许多人评论说，优步和Lyft对年轻和富裕的尝鲜一族的一大吸引力在于，相比出租车司机，优步和Lyft的司机与这些年轻人的年龄、受教育层次和社会背景更匹配一些。你不用乘坐一个每周开60个小时车的中年移民男子开的车，而可能被"一个有车的朋友"接送，更可能是女性，更可能受过良好教育，更可能是白人。然而，随着公司规模的扩大，优步司机的群体结构也越来越接近出租车司机，挑人的机会已经渐渐消失。

　　歧视行为也确实影响到了空中食宿的少数族裔房东。房源介绍中有主人和客人的照片，因此用户群中的任何歧视性倾向都会表露出来。研究人员本杰明·埃德尔曼（Benjamin Edelman）和迈克尔·卢卡（Michael Luca）对一些房源进行了分析，结果发现"对于同样的房源，非黑人房东的收费比黑人房东高12%。在考虑到空中食宿市场上所有可见信息后，这种影响就更强了。"但美国的所有饭店必须要遵守1964年的《民权法》，即保证公民完全平等的进入所有公共住宿场所的机会。

　　只要有机会，歧视性倾向就会表露出来。出租车、优步和空中食宿以各自不同的方式表露着这些倾向。

　　如果对比交通执法手段，类似的情况也会发生。个别交警确实有截停黑人司机比例过高的问题，而自动拍摄车牌的交通摄像头在记录时则不会考虑司机的种族。因此，通过这种方法，技术的变化可以降低种族主义行为的发生率。可是我们应该小心得出新科技整体效果良好的结论：犯罪学家克莱夫·诺里斯（Clive Norris）曾表示，车牌识别现已成为追踪特定人士移动的手段，跟踪谁多一些、跟踪谁少一些并不足为奇。根本性的问题在于，种族主义仍存在于系统之中，只是现在的表现形式不同。数据获取把种族主义出现的场所从街道搬到了数据库。

　　没有证据表明这些公司在有意实施歧视，歧视的模式可能会随着系统的变化而变化，我们应该谨慎，不要把过多的指责或赞美归于涉事公司。

　　钱对很多工作来说是争论的焦点之一，不过优步并不只是一个雇主。事实上，它根本不是雇主：优步司机是"合作伙伴"，是选择在平台上工作的自由职业企业家。"微创业者"模式可以选择什么时候独立工作，这正是使优步与空中食宿等公司成为蓬勃发展的共享经济的一个原因。一开始工作貌似强度低且灵活，结果到了优步手里，却变成它想鱼与熊掌兼得的另一种手段。

　　优步简化了新司机的注册步骤：它公开宣传被许多司机形容为不切实际的盈利，以此引起人们的兴趣（见上文）；它靠补贴扩张到新的城市；它审批车辆和司机的程序都是做做样子。正如记者妮塔莎·提库（Nitasha Tiku）发现的，优步与桑坦德银行（Santander Bank）合作，鼓励司机为了买车而申请次级贷款。司机只有通过长时间的工作才能还清购车贷款，被平台开除则成为更大的威胁。

优步还通过制定越来越严苛的规定来利用司机的弱点。司机必须接受90%的电召请求，否则就会接到通知："如果您想继续使用优步平台，请提高您的接单率。"有司机声称因在推特上批评公司而被拉黑。优步高端车服务的司机被迫接受报酬低的优选服务单。如果司机不合公司的意，公司就会跟踪司机的位置和不满言论。

但最最核心的控制系统是让乘客给司机打分的评价系统。大多数乘客出于礼貌给司机打五星（"有五星给五星"），但如果司机的评分哪怕有一点点下滑——许多城市是低于4.7，那么他们就会被平台拉黑或开除。这个系统使驾驶员很容易遭受苛刻乘客的黑手，因为很少量的投诉就会导致司机失去生计。司机当然没有上诉机会，因为司机不是员工，合同也不是劳动合同。一旦你知道优步司机的境况这么岌岌可危，有关优步司机是快乐和友好的报道就有了不同的含义。正如《福布斯》的杰夫·贝柯维奇所报道的："优步喜欢这个系统，是因为它想标榜自己的司机有着几近完美的评分。但这对司机来说是残酷的，对于客户也一样，因为他们多次被迫在内疚、愤怒和视而不见之间做选择。"

虽然优步用越来越具体的方式来裁定司机的行为，但一旦事情搞砸，它仍然拒绝承担责任。《通信规范法》（*Communications Decency Act*）第230条看起来很奇怪，但它是这样规定的：引入该法的最初目的是规定博客网站和其他内容网站如YouTube不为其用户发布的内容负责。这很公平。但现在优步说它不是出租车公司，它不过是在运营一个网站和一个应用程序，把司机与乘客联系起来。所有错事都不是优步的责任，而是司机的责任。这是美国的法律，而且在其他国家起诉优步会很昂贵，考虑到公司殷实的银行账户，起诉就更令人望而却步了。

优步的规定似乎越过了加拿大税务局就司机是不是雇员而设定的红线。共享经济中的工人也与其他公司面临同样的问题（见第7章）。这是一个其他行业也都面临的问题，包括建筑业，根本原因是相同的：被列为独立承包商后（譬如本例中的优步公司）它就不必缴纳就业保险，也没有病假，不必遵守就业规定。风险被彻底推给了承包者。

如果城市决定为了共乘公司的利益而把出租车法规抛在一边，那么许多重要的决策就被交给了这家公司。正如第7章所展示的，科技行业往往是一个赢家通吃的市场，赢家有强大的市场力量，所以优步到底是一种什么样的公司就很重要了。

它是一个经历过很多争议的公司。其中最引人注目的事件是在一场晚宴上，优步的高管埃米尔·迈克尔（Emil Michael）对记者本·史密斯（Ben Smith）说，他曾考虑过调查批评过优步的记者莎拉·拉齐（Sarah Lacy）的私生活（与遭到恶评的司机不一样，迈克尔得到了公司的原谅）。优步是一家对其客户进行监视的公司，它利用了公司的"上帝视角"，这些数据在公司活动上被当作娱乐发布，还被发布在其网站上。正是这家公司的纽约高管因非法跟踪一名女记者正在接受调查。正是这家公司的员工警告另一名女记者："公司的高层可以掌握（记者的）乘车记录。"

　　这里我之所以强调"女记者"是因为这家公司的最大问题是其企业文化。难道我们要把城市的街道交给一家CEO取笑应召女郎的公司吗？交给一家"能够跟踪且确实跟踪了一夜情"并把这些数据张贴到博客上（目前已被删除）的公司吗？交给一家在法国发动"战斗机"宣传、把乘客与"辣妹"司机进行配对的公司（目前也删除）吗？正如该公司在英文版网站上说的：

> "Avions de Chasse"在法文中是"战斗机"的意思，口语中也指一个非常热辣的女子。你太走运了！世界上最美丽的"辣妹"正在手机 app 上等着你。座椅放倒，放松一下，让她们带你上天！

　　不出所料，这份宣传材料的重点在司机的乳房。

　　一名女乘客投诉说她被人丢在离家20英里的地方，而这家公司回应说，这条路线有点绕。

　　这家公司还教迈阿密的司机如何钻法律空子。这家公司还到其主要竞争对手那里下5000个单然后取消，为的是干扰对方的业务。这家公司还用假的公关人员来欺骗报纸，现在竟然大言不惭地在公关宣传中"武装事实"（这家公司真的很喜欢用军事用语打比方）。简而言之，这家公司体现了科技行业中最恶劣的大男子主义文化。

　　优步对其业务领域的贡献是很小的。让人吃惊的是尽管存在隐私问题，加拿大城市还是允许优步运营。尽管该公司在美国有隐私政策规定，但在加拿大却没有。这就是优步如何看待其雄厚的资金，如何看待隐私问题，如何看待在不同城市开展业务的不同要求的。

　　从税务角度说，优步是地方经济的寄生虫。当你付钱给出租车司机时，一部分钱到了他所工作的出租车公司，公司在城市里交税，这样钱就回流到了地方经济中。当你付钱给优步司机时，公司拿走的那部分是免税的。像许多数字科技公司一样，优步在全球建立了分公司。如果你在加拿大使用了优步，你的信用卡支付金额会流向在荷兰注册的一家优步公司。

在本书付梓之时，本章的内容可能会过时，新的事件将取代旧的事件。但不变的是如何在世界各地的城市建立一个可普遍使用的、价格实惠的、可持续的交通体系。不变的是，考虑到优步要成为这样一个体系的组成部分，就不能允许它像过去两年那样，自己制定自己的规则和议程。

WHAT'S YOURS IS MINE

05　Neighbors Helping Neighbors

———————

第 5 章

邻里互助

个人及家政服务如保洁、杂务和快递是一个完全不同的、密集的、快速变化的领域，有许多相互竞争的公司，但到目前为止还没有一个明确的赢家。与空中食宿和优步都不相同，这个行业的演变告诉我们如果竞争迫使商业模式发生演变会发生什么。

TaskRabbit

这一领域的第一家公司是TaskRabbit。它与空中食宿、Lyft和其他公司是同时起家的。在商业信息网站CrunchBase上，TaskRabbit的条目描述了公司创始人是怎样获得灵感的：

> 2008年2月的一个寒冷夜晚，波士顿，利娅·巴斯克（Leah Basque）突然意识到她家100磅重的黄色拉布拉多犬科比没有狗粮吃了。利娅心想："要是网上有个地方能让我和邻居联络上，也许有个邻居正好在商店里，可以帮我解决这个难题，那岂不是很好？
>
> 基于这段经历，用来联络邻居、解决难题的网上和手机端市场TaskRabbit（原来叫 RUNmyERRAND）就应运而生了。

TaskRabbit是想做"跑腿办事的eBay网站"，提供一系列的服务。有两件事获得了最大的关注，也是所有健康的年轻人可以完成的：排队买演唱会门票和新上市的iPhone手机，组装宜家家具（当然，也许人人都会吧）。每件事情的成交价是通过拍卖决定的，由想接活的人出价。这其实就是房主与某个愿意清扫车道积雪的人商量价格或私下里达成看护孩子的价格所采取的方式，类似于eBay早年采取的拍卖方式。利娅·巴斯克使用了熟悉的语言来谈自主权：

> 使人拥有自己安排时间的手段和资源，自己当老板，说出自己想要的报酬是多么令人难以置信。它对全球劳动力产生了巨大的影响。

TaskRabbit收到的最早的投资是在2009年。当时它从Founders Fund和Accel Partners建立的合资公司fbFund那里得到了25,000美元。Founders Fund也是由彼得·泰尔所创建并管理的。这个人的政治观点强调拒绝政府，而不是巴斯克所想的邻里之间的联系。

很快，和共享经济的其他公司一样，那种认为TaskRabbit上都是一些邻里互助的想法破灭了，它被自由市场的冷酷世界所取代。如同空中食宿大谈热情的房东、Lyft大谈"有车的朋友"一样，它也引用邻里和睦的价值观来证明这种新的不确定的就业方式是合理的。

在2013年的一篇延伸报道中，记者凯文·卡哈特（Kevin Carhart）揭出了TaskRabbit的许多问题。卡哈特引述TaskRabbit的博客文章（现在已删除）说，"无比兴奋地把网络化手机设备看作是一种令人兴奋的自然秩序的隐喻"，可追溯到亚当·斯密关于自由市场"看不见的手"的观点。这就是TaskRabbit：

亚当·斯密说，政府应该提供一个没有限制的市场体系，让人们能轻松地交换商品和服务，然后不要有任何干涉！市场力量将完成剩下的工作。是的，我们完全同意！……

对于社区里的个人来说，互联网和社交网络所提供的关联性和透明度使得斯密的设想可以成真……我们希望服务网络继续发展斯密的理念——为了社区越来越好，使市场真正变得越来越自由。

公司现在常说的话是，他们提供了一种充当"微创业者"、赚取外快的方法。卡哈特面见TaskRabbit员工时的谈话则揭示了事情的另一面。一个中年TaskRabbit员工告诉他说，公司是在"填补空白。他们是机会主义者。如果他们可以避开劳动法，他们就会想法避开；如果他们能争取年轻人，用花言巧语来激励，他们就能招到人。"她还说，这些人"想有一份工作，但是找不到。我觉得他们的价值不仅在此。我认为他们都很棒，否则就没有人再找他们。我见过他们为了挣这笔钱都做了什么，你会觉得他们的所作所为是应该得到合理补偿的……我为他们感到非常难过……这些人做事的报酬甚至低于最低工资标准。"

记者阿利森·肖恩特尔（Alyson Shontell）采访了另一个声称达不到最低工资标准的任务兔子（task rabbit）：

没有人觉得要支付最低工资，而且这种情况一而再再而三地发生。我曾经每天工作12到15个小时，做的都是非常繁重的体力劳动，一共才挣80美元……

你要知道任何一件事情都是看起来容易，做起来难。你要知道，一张招工启事可能低估了要做的事情，为的是降低价格。几个月前，有一个客户要我替他洗几个月衣服。他每次总是说只有四包衣服，每次我接到活以后，这些衣服都能装满10到15台双滚筒洗衣机。衣服堆积成山，上面还沾满了猫拉的屎。

利娅·巴斯克回应肖恩特尔并强调说"任务兔子只接受他们想完成的工作。TaskRabbit是一个开放的市场。因此，任务兔子可对自己感兴趣的工作自由出价——考虑需要花费的时间、工作性质等。没有一个任务兔子是被迫接受某份工作或任务的。有一点要注意的是，一个人认为不完美的任务可能另一个人觉得很理想。价格不是由我们，而是由任务兔子自己来决定的。"

卡哈特把"违反就业标准'不是我们的问题'以及'不归我们处理'"的说法拿来求教于劳动法律师凯瑟琳·拉克尔肖斯（Catherine Ruckelshaus），得到以下答复：

这是错把工人当作独立承包商的雇主所使用的说法。他们甚至对打零工的工人，比如一个摘草莓的工人说："主意你自己拿。你可以来也可以不来。"他们不规定价格，他们不规定时间。他们试图把它掩饰成一种独立的自由交换，而事实上它不是。

TaskRabbit经历过很多个商业模式，似乎还在苦苦挣扎。他们有段时间在推广"TaskRabbit商务"计划，基本上算是一个全能的临时工中介公司。随后在2014年6月，他们改变了模式：不再进行拍卖，完成工作都有一个固定的价格；计算机算法将匹配客户和"任务接受者"；他们被要求穿着公司的绿色T恤衫。这些变化反映了网络平台已经从模仿人际互动转变为基于消费者体验的模式：就像eBay从拍卖改为固定价格，Lyft放弃了"捐款"而收取车费。

这些转变是单方面的。（公司所倡导的）使任务接受者能力更强的理念竟然是空头支票。正如社会学教授朱丽叶·肖尔说的：

> 从对任务接受者的采访中我们发现了一点，自我掌控何时工作、为谁工作以及完成多少工作，对许多人来说是最大的吸引力。这种转变降低了吸引力。平台在行使更多的权力和控制权。

TaskRabbit最近的变化是与亚马逊结盟，参加新的"亚马逊到家服务"。公司对其"微创业者"行使更大的控制权使人们质疑它是否真的是独立中介。这个问题继续困扰着一些延续TaskRabbit发展道路的初创公司。

HOMEJOY

打扫卫生显然不是谷歌想要进军的行业，但是2013年该公司的风险投资部门——谷歌风险投资公司连同其他投资者，为一家叫Homejoy的小公司投入了3800万美元，由张（Cheung）家姐弟阿多拉（Adora）和亚伦（Aaron）管理。联合谷歌风投参加早期投资的还有贝宝公司联合创始人马克斯·列夫琴（Max Levchin）（与彼得·泰尔一起）和安德森-霍洛维茨公司。

Homejoy的网站上说："把你的家打扫干净"，但服务条款（有4000字之多）强调："公司不提供清洁服务，公司也不是清洁服务商"，"公司是一个交流平台，致力于在想要获得清洁服务的人和提供清洁服务的人之间建立联系。"

Homejoy提供了一个网站，你可以选择何时打扫你的房间。《连线》杂志说，"一个关键的卖点是这些保洁员是由Homejoy投保和审核过的。但是，和优步司机一样，他们在严格意义上并不受雇于该公司。相反，他们是自由职业者，根据可否提供服务的实际情况制定自己的时间并接受任务。"这种安排被称为"1099模式"，取自美国工人在报税时要填写的1099独立承包商报表。安德森－霍洛维茨公司的风险投资家杰夫·乔丹（Jeff Jordan）对Homejoy等公司十分推崇。

> 移动设备的普及正在形成我所说的"人际市场"：即把消费者与提供特定服务的人连接起来的双向交易市场。从提供搭乘的Lyft，到打扫房屋的Homejoy，到送餐的DoorDash和Caviar以及快速宠物看管的DogVacay。人际市场的品种和使用量正在激增。它真的成功了！

[乔丹写这段话时安德森－霍洛维茨公司刚刚宣布对另一个共享经济初创公司Instacart（下面要提到）进行投资。现在乔丹在Instacart的董事会里拥有一个席位。]

Homejoy的宣传提出了三个说法：相比其他保洁公司它更便宜，同时为保洁员提供良好的报酬，实施"大面积筛选"以确保高标准。《华盛顿邮报》的莉迪亚·德皮利斯（Lydia DePillis）与Homejoy的一个保洁员交谈过，她的报道明确指出了Homejoy是如何保持低价的。安东尼·沃克（Anthony Walker）第一次赴约，乘坐公共汽车到华盛顿的另一边，拉杆箱中装着清洁用品。Homejoy说它的保洁员每小时赚20美元，所以两个半小时他靠打扫卫生肯定能挣到51美元。但和优步的说法一样，Homejoy也忽略了另一个事实：两个半小时的路途时间没有包括在内，他还要支付公共汽车车费，清洁用品都是他自己的。下午的预约取消，但这对Homejoy没有损失；它没有为浪费了一个下午而给安东尼·沃克付钱。沃克得不到失业保险，没有工伤赔偿，也没有退休福利。而且，如果生病了，那也是他自己的问题。

早期的资助者彼得·泰尔可能认为政府是有漏洞的，但Homejoy也得到了国家的补贴。德皮利斯写道，安东尼·沃克"从特区福利计划中拿到了交通费退款，尽管他要花些功夫来证明自己的就业状况，因为Homejoy并没有出示传统的工资单。"

在芝加哥，Homejoy与市长办公室一起找保洁员。"参加特区福利计划的人必须出示工作证明才能得到政府援助，因此Homejoy的做法对于他们来说很重要。"但Homejoy再次提出这并不是通常意义上的工作。Homejoy的马洛·斯特鲁威（Marlo Struve）说："很多人把它当作一个灵活的选择，能带来额外的收入，有时还可贴补其他兼职机会。很多时候，这对他们和他们的家人来说很重要。"

他们可能不是员工，但Homejoy不断对其保洁员进行排名。"在其内部系统中，保洁员可以看到根据客户评价而定的排名。沃克的得分是4.6，在特区42个保洁员中排第13；他几乎都是5分，只有一个女人抱怨说，他没有把浴室砖缝的霉菌清理干净。"

在接受《华盛顿邮报》采访时，Homejoy的发言人给出了共享经济的标准说法，强调服务的质量，说"只有30%的申请人才最终成为保洁员"，但不知何故却对那些尖锐的问题保持沉默。他"拒绝透露公司的其他指标，如保洁员每周的平均收入以及与工作场所的距离。"

共享经济企业家喜欢谈论"赚点儿外快"以及让生活变得更实惠，但安东尼·沃克说，这个商业模式就是靠服务供应商之间的竞相杀价。沃克从Homejoy那里找到的那种不稳定的、靠国家补贴的工作来取代现实岗位，顶多可以说是聊胜于无，但它坏了其他工人的事。虽然沃克挣到了一些钱，但他没有实现真正就业的机会了。

纽约某杂志社的凯文·卢斯（Kevin Roose）住在旧金山湾区，通过Homejoy要求清洁房屋。一名年轻男子露面了，卢斯和他攀谈起来，问他住在哪里。

他说："目前我住在加州奥克兰的一个庇护所里。"我停顿了一下，不知道我听对了没有。庇护所？我家的保洁员——那个我通过一家从受人尊敬的谷歌风投那里筹集了4000万美元的公司聘请来的人，那个要在我家使用有害清洁用品并从事繁重体力劳动的人——竟然是无家可归者？

他确实是。当我把这个故事告诉湾区的朋友们时，我听到了更令人惊讶的事情：他们从 Homejoy 找来的保洁员也是无家可归者。

2015年6月，似乎Homejoy的故事走到了尽头。该公司能够提供便宜的价格，还声称报酬很合理，但原因竟然与数字科技带来提高效率的奇迹无关；公司只是烧光了风投的钱，设法筹集到足够的业务，在赢家通吃的共享经济世界里加快发展。一旦钱用光了，Homejoy不得不寻找买家。德国公司Helpling查看了公司的账簿后离开。在我写这本书时，买家很可能是Homejoy的竞争对手Hardy。

Handy

Handy原来叫Handybook，在许多方面类似于Homejoy。除了保洁员，它还在服务项目中增加了水管工和其他家政服务，但其85%的收入来自于打扫卫生。当然，它在网上也讲述了它的"起源故事"。

奥辛·汉拉恩（Oisin Hanrahan）是爱尔兰一名19岁的大学生，决心成为东欧某国的房地产开发商。他趁着周末休息的时间在都柏林的三一学院搜索各城市，之后开始在布达佩斯购买和装修公寓。装修一些公寓后，奥辛发现很难找到可以信任的工匠。几年后，在哈佛商学院学习时，奥辛和同学乌芒·杜阿（Umang Dua）发现在美国情况也一样。于是他们开发了Handy来填补这一空白，目的是建立一种最简单、最便捷的方式，让各地忙碌的人们能够预订家政服务。

Handy（截至2015年4月）募集了6070万美元的风险投资，其资助者包括著名的共享经济推动者、前美国在线公司（AOL）总裁史蒂夫·凯斯（Steve Case）领导的革命有限责任公司（Revolution LLC）。

Handy的好处是大家熟悉的。汉拉恩说："我们正在构建一个基于信任的品牌。我们需要我们的客户信任我们，让我们走进他们的家……所以我们要尽快建立信任。我们请用户测试了摄影与动画。现实世界中的照片在建立信任时要比动画更快。"他们还鼓吹给消费者带来的好处。联合创始人乌芒·杜阿说："在Handybook，我们正在着力打造最佳的终端到终端的消费体验。从轻松预订，到与值得信赖的专业人士合作提供一流的服务，我们的目标是与客户建立联系，让客户在遇到家庭杂务时会找我们。""服务人员"的地位相当于独立承包商:"在平台上他们看重的正是安排时间和收入的灵活性。"

服务条款却是另一回事。根据那个8500字的文档:"Handy平台仅仅是一个交流的场所,负责背景调查。"它继续说:

> Handy本身并不提供服务……Handy通过其平台,提供信息以及获得这种服务的方法,但本身并不打算提供服务或从事任何清洁、维修和其他与家政、搬家有关的服务,也不为其提供的任何服务承担责任。

我们想象中的"服务人员"是网站以及媒体塑造出来的一张张微笑的脸。可惜的是,有太多的科技媒体和商业媒体似乎对就业状况采取了一种不加批判的态度。为何不呢?Handy提供了"不错的报酬",声称其员工"靠做保洁员每小时可以挣22美元,靠做工匠每小时能挣45美元。我们最棒的专业人员每星期可以挣超过1000美元。"《经济学人》刊登了一篇有关Handy和其他平台上的自由职业者的文章,他们也相信了这个故事。文章采访了一个法学研究生:"这种按需模式让她能把职业生涯和旅游爱好结合起来",还有一个组织的创始人:"代表了一群几十年来把灵魂出卖给公司但现在想放松的精英。"

虽然Homejoy和Handy采纳了共享经济的许多比喻,但它们还忘了一点,那就是其他数字平台所强调的邻里关系和社区。它们除了赤裸裸的商业交易之外就没有任何其他借口了。虽然共享经济的倡导者称网络平台促进了P2P业务,把公司排除出去,但这场运动中的家政服务却向相反的方向发展:相比更传统的保洁公司,这些新的以科技为基础的服务公司所带来的一大好处是它使客户能够不用与任何人交谈就能聘用保洁员。

艾伦·休特（Ellen Huet）是一名记者，他多年的报道涵盖了共享经济的方方面面。她引用了Handy公司汉拉恩的话：

> 如果因为太忙或太懒不想自己做，而想麻烦别人来把浴室左上角的霉菌擦干净的话，你真的很难开口让别人去做，特别是如果你才22岁，还从来没有请过人或是只做过两次实习，而现在却要请别人来为你做事。

休特与汉拉恩以及Homejoy的阿朵拉·张的访谈教会了网络服务商一件事：要把服务提供者与客户分开，手机要好过面对面交流。正如汉拉恩所说："当面要求清洁工'嘿，趁你还在这里的时候，你能帮我打扫一下卫生间吗？'才是最糟糕的事情。"文字要好过声音。间接要好过直接："人们喜欢点击网站左下角的聊天框，要求安排预定并选择特殊的需要，而不是向正在做清洁的人提出要求。"勾选框要好过文字。

休特写道："Handybook和Homejoy都提示用户添加清洁项目，如室内窗户、烤箱、冰箱、橱柜和待洗衣物。（行为设计专家史蒂夫·）哈比夫博士说，这些选择让人们有操控感，即使他们没有足够的创造力来写明指示。"

根据休特的采访内容，信任的问题解决了，主要是通过在订购的过程中给人一种熟悉、正规和习惯的感觉。另一个受访者说："我们想象这和在亚马逊购物一样。"阿朵拉·张补充说："在过去的十年里，网上购买产品已经成为值得信赖的事情——我们相信产品可以在某个时刻出现在你那。现在，人们开始相信并购买线下服务了，而在十年前，他们也许不会相信。"

无需直接与人接触以及通过大家所熟悉的手机端购物，也从另一个方面推动了Homejoy的普及：它打消了用户因不干家务而付钱的内疚感。休特再次引用设计专家史蒂夫·哈比夫的话说："一个人练习某个行为的时间越多，做这件事的内疚感就会越少，特别是在有了有益和成功的体验之后。我猜随着时间的推移，客户的内疚感会降低。"

快递

快递是TaskRabbit的一项常见工作，但现在有更多的专业公司加入其中（还有优步，到目前为止扩大业务的努力基本上没有成功）。其中有两个公司特别有意思。

Instacart的网页用大写字母写到，提供"一小时内送货上门服务"，但根据其服务条款，Instacart不是送货服务：

> Instacart是一个交流平台，方便想从特定零售场所（客户）那里订购食品、饮料和其他杂物（杂货）的个人以及试图通过取回和递送杂物来帮助客户的个人之间建立联系。

Instacart成立于2012年。必不可少的创业神话算不上有启发性。27岁的阿普瓦·梅塔（Apoorva Mehta）曾在亚马逊当过两年的工程师："我有个问题，那就是冰箱里总是缺货，而我从来没有动力和精力去商店买东西"，大多数杂货店要求他提前几个小时提交订单。

Instacart已经从安德森–霍洛维茨公司和红杉资本等大牌公司那里募集了2.5亿美元。最初，Instacart采用的是典型的共享经济模式，向客户收取送货费和加价并支付给商家，其间会扣除一部分交易费用。但到了2014年，它抛弃了P2P交易的幌子，与杂货店结成伙伴，并由杂货店向Instacart付费。正如eBay成为主要零售商的店面、LendingClub成为给大银行带来借款人的机构一样，Instacart正在成为给主要快餐连锁店和零售商带来新客户的机构；它甚至让客户选择要不要把个人数据和购物历史分享给零售商。

和Homejoy的安东尼·沃克一样，Instacart的采购者被许以"最高25美元的时薪"，但关键词是"最高"。记者约瑟夫·厄本特劳特（Joseph Erbentraut）随机采访了几位Instacart的采购者，他们说"他们每小时的最低基本工资是10美元，一般的时薪差不多就是这个数字。"

> Instacart的一个采购者，24岁的大学辍学者对《赫芬顿邮报》说："这是一份奇怪的工作，有很多个星期你只是坐在车里等待订单，希望有信息来，而不是有人花钱让你呆坐在那里。但它只够汽车的油钱。我的工作需要用汽油，但报酬只够油钱。这感觉就像卖掉头发买梳子。"

也许这些采购者听了经济学家泰勒·科文（Tyler Cowen）的话应该振作起来。后者曾兴高采烈地认为（没有任何证据可言）："我不想说人们可以靠为杂货店送货而当上百万富翁，但如果你没有大专以上学历，可是聪明且有责任心，你不是还可以靠它谋生吗，也许还有其他种类的工作呢？当然可以。"

Postmates是Instacart的竞争对手，尽管它快递的是配好的餐而不是杂货。它也创办于2012年，花了116周时间才完成第一个50万份的快递，又花了20周完成了第二个50万份，又花了10周完成了第三个50万份。和

Instacart一样，Postmates一于始也采用共享经济模式，向客户收费，支付给送货员，并收取20%的分成。和Instacart一样，它也加入了优选商家计划，即商家向Instacart付费并由其提供送货服务。Postmates现在已经与Whole Foods、星巴克、苹果、麦当劳和Chipotle合作。在被问及送货员的安全、工资和福利时，Postmates的CEO说："我们谈论的是劳动力市场上的一个不同的行业。我们认为Postmates是美国最好的兼职工作。它能补充收入。"他没有说Postmates的送货员是否也是这样看待自己的工作的。

共享经济中的按需上门服务行业已经蜕变成一个服侍人的经济："就像农奴把东西交给富人一样。"旧金山和纽约地区的各种按需服务行业相互模仿。Magic要你"拨打这个电话号码，就能得到所有想要的服务，一点也不麻烦。"Alfred提供按需管家。Dufl是"简化商业旅行的私人仆人，运送、清洗和储存你的商务服装。"还有更多。这种现象被乌迈尔·哈克（Umair Haque）称为"服侍行业的泡沫"。

当风投资本竞相创造越来越讲究特权的消费者群体，并以共享的名义为他们提供一个完美的、不排他的体验时，一切关于社区和人际联系的承诺都被抛在脑后，一同消失的还有可持续性和反消费主义的理念。

WHAT'S YOURS IS MINE

06   Strangers Trusting Strangers

———————

第 6 章

陌生人互信

共享经济公司很喜欢谈论信任：他们宣称我们可以信任平台上陌生人之间的交换，因为有那个被布莱恩·切斯基（Brain Chesky）称作"评价系统"的神奇东西。

一些人竟然将评价系统称作共享经济最重要的创新。《纽约时报》专栏作家托马斯·弗里德曼称赞"空中食宿真正的创新——'信任'的平台，每个人不仅能看到其他人的身份，还能评价这些房东或客人到底是好、是坏还是马马虎虎。这意味着每个使用该系统的人可以很快完成相关'评价'，让使用该系统的其他人看到。"弗里德曼写这段话前的两周，他在《纽约时报》的同事大卫·布鲁克斯写了一篇《空中食宿和Lyft是如何最终让美国人彼此信任的》的文章："空中食宿等公司通过评价机制建立了信任……空中食宿里没有基于机构隶属关系的信任，人们根据网上信息和其他人的评价来建立信任。"

共享经济公司并不是最早采用评分和算法等手段来指导行为的。正如它们的商业模式从包括开源（公开源代码）、开放内容和开放数据的理念中获取了灵感一样，它们的信任体系也是建立在亚马逊、Netflix、eBay、Yelp、猫途鹰、iTunes、app商店和许多其他公司所使用的评分和推荐体系之上的。每一个公司都把单独的评价当作输入信息并将其转换成某种形式的推荐。由于评分系统已经无处不在，其用处已经成为软件开发行业的信仰。

共享经济处于推动"算法监管"的前沿，即用软件算法来代替保护消费者的法规。法学教授利奥尔·斯特拉莱维茨（Lior Strahilevitz）满怀热情地说："试想一下，如果每一个水管工、制成品、手机供应商、房屋建筑商、教授、发型师、会计师、律师、高尔夫职业球员和出租车司机都被评分……在这样一个世界里，监管和法律制裁的需求就会减少，因为消费者将亲自监督不当行为。"你的在线历史数据将比你的信用更重要。

和共享经济的许多其他方面一样，空中食宿和优步在评分方面处于领先地位。空中食宿的首席执行官布莱恩·切斯基在谈到城市法规时对他的公司表示了信心："规则的设置主要是为了进行筛选，以保护消费者。事实证明，城市在筛选方面比不过技术。公司拥有被称为评价系统的神奇东西。我们认为政府应该充当最后求助的部门。"优步的首席执行官特拉维斯·卡兰尼克甚至对老式的法规表示了不屑，他认为它们不过是保护既得利益者的一种方法："在我们去的每一个城市，监管机构最终要拿出点东西，阻止我们推广或继续我们的业务。"

评价系统未能履行提供安全和保障的基本职责。它的失败被人掩盖，包括不断编造理由支持这个系统、利用评价系统作为幌子集权化且不负责任地管理纪律作风、迷信这种不费力气的点击和算法的公共话语。技术专家经常错误理解我们在评价彼此的时候是在做什么，结果，评价系统正在侵蚀着共享经济号称珍视的人际关系。

表达信任

试想，吉尔必须决定要不要贷款给一个叫杰克的陌生人；如果吉尔贷出了款，那么杰克必须决定是否要归还。如果吉尔预计杰克会归还就会相信杰克；如果杰克归还贷款，那么杰克就是可信的。

可信度并不是一种像眼睛颜色或身高那样可以直接观察到的品质；吉尔必须寻找可信的信号（握手很有力？过去的良好行为？社会团体的会员资格？）如果她看到这些信号，她必须确定这些信号是否真实，杰克是不是为了欺骗她而模仿可信的信号。杰克也有疑问：即使他有意偿还贷款，他还是必须说服吉尔，他必须说服吉尔他不是一个模仿可信信号的骗子。

一个有效的信号——一个吉尔可以相信的信号——必须能把不可靠的人与可靠的人区分开。从经济学角度考虑，这个信号对可靠的人来说必须易于表现，但对不可靠的人来说则成本过高，无法展示。如果没有这样的信号，那么吉尔就没有办法知道杰克是否值得信任，或者杰克是否只是假装诚信——这个结果被称为信号识别。在信号无法识别的情况下，吉尔不会贷款给杰克，即使杰克是一个完全值得信赖的人，因为吉尔不能信任杰克发出的信号。在现实生活中，我们面对的是可能性而不是必然性，就信任而言，分离（separating）和混同（pooling）①所产生的结果有一定距离。

在商业世界，有很多信号机制可以解决信任问题，其中一部分机制

①　分离（separating）此处意指不同类型人选择发出不同的信号；混同（pooling）此处意指不同类型人选择发出相同的信号。——编者注

要比其他机制更有效。组织的成员身份一直是一个重要的信号：公谊会教徒在跨大西洋贸易的发展初期迅速致富，这是因为他们的诚实声誉鼓励着人们与他们做生意。声誉包括监管（因为通过了食品安全检查，所以你可以信任这家餐厅）、专业资格（因为她是医生，所以你可以信任这个人治疗你的腿；因为他们在好大学里拿到了好成绩，所以你雇佣这名毕业生）、自发的行业认证（因为包装上有公平贸易标签，所以你可以相信这种咖啡是公平贸易产品；因为包装上有原产地管理称号，所以你可以相信它是法国葡萄酒）、独立评级机构（因为它在消费者报告、JD Power的报告或商业促进局上的评价很高，所以你可以信任这家公司）、个别公司的承诺（因为他们在品牌上的投入很大，一定会采取相应的行动，所以你可以信任这个零害商）等等。

声誉产生一种更随意的、社会化的和个性化的信号：声誉是社会对他人意见的一种提炼。如果我的邻居说："千万不要请管道工约翰。他来我家修过水槽，可是现在还堵着。"她提供了让我来决定是否要信任约翰，让他来修下水道信息。在一个很看重口碑的社区里，一个好的管道工如果可靠、准时、技术高超，他就能很容易地积累可靠、准时和技术高超的声誉，反之，一个不称职的或懒惰的管道工做不到这样。

从这个意义上说，声誉是一种对等的、非正式的、分散的和社区的概念，而共享经济倡导者声称可以利用互联网评价系统放大这些品质。空中食宿和BlaBlaCar都自称为"一个值得信赖的社区市场"；Lyft的百万人搭乘展现了"社区的力量"。我们现在不再通过口口相传的评价，而是通过点击，给管道工约翰打分。

声誉远非是完美的信号。证词往往带有个人成见（"他修好了我家的水槽，到的也很准时，但他身上总有什么让我不舒服……我就是不喜欢他来我家干活"），也总有好有坏。口碑声誉可以传递那些合理但无法证明的忧虑，因为说话者并不需要为他们所说的话负责。但评价系统也使约翰很难得到好的声誉——不管他是否值得信赖——如果他是一个在有种族主义背景的白人社区工作的黑人，或者是一个在对女性的角色抱有成见的社区工作的女性。"老男孩俱乐部"和其他内部团体在创造良好声誉方面给成员提供了天然的优势。

只有当证词是公正的且没有串通或报复的嫌疑的时候，声誉才是有效的。约翰弟弟的证词与一个与约翰的成败毫不相干的人的证词不可等量齐观。约翰可能不希望我的邻居告诉我他没能修好水槽，但他干涉不了大家隔着花园篱笆进行的私下对话。在TED大会的演讲中，影响力巨大的作家雷切尔·博茨曼说，在新经济中，"声誉将是你最宝贵的财富"，但把声誉当作是一种资产的想法是危险的。市场围绕着资产发展壮大，这些最终将破坏声誉所依赖的公正性。

一些中介机构如reputation.com可以帮助你提高声誉，但要收费，但你为什么要相信一个花钱买来的声誉呢？只要我们花钱采取明显是为了提高我们声誉的行动，那么声誉从社会角度而言就失去了作用。如果你可以购买和出售证词，那么那些证词就失去了区分可信者和机会主义者的能力。

在许多文化中，自我推销一般不被社会所接受，因为它似乎太粗鲁和自私。但在商业世界里，品牌推广和市场营销活动是被广泛接受的。正如爱丽丝·马维克（Alice Marwick）所写：个人品牌和投资于自我宣传等理念已经在硅谷大行其道；作为硅谷对创业精神价值的信仰的一部分，共享经济公司创造了"作为公司的人"这个词。空中食宿的房东、Lyft的司机和TaskRabbit的任务兔子都是"微创业者"：个人即企业，个人的声誉即个人品牌。如果对"作为资产的声誉"进行投资的做法继续下去，那么声誉则可能会成为一种尺度，衡量出我们是如何顺应硅谷文化的偏见和期望的。

评分是没有歧视的

让我们从Netflix的评分——也就是Netflix观众对电影、电视节目的评分——开始。我们完全有理由相信，大多数Netflix的评分是独立和诚实的。当你给电影打分时，你可以自由地发表你的意见，不会因为某个评分而得到奖励或受到惩罚。你也有动力给出一个符合实际的评分，因为它能让Netflix推荐更符合你口味的电影。图3是Netflix为其大奖赛而公布的1亿个观众评分的分布图。

评分结果分布于各个分值中，其中峰值约为3.5分，因此4分或5分算是不错的评分。Netflix的评分可以帮助我们区分得1分的烂片和得5分的好片。

Yelp是给餐馆和其他小公司评分的网站。每个评分由一个顾客给出（顾客可保持匿名身份）。公司不一定要上Yelp；不管它们想不想上，它们的名称都会被列在网站上。相比Netflix，在Yelp上顾客没有那么大动力根据个人体验进行打分，因为Yelp并不能据此为网站的用户提供个性化建议。相反，Yelp是靠社区的理念来鼓励用户发表评论的：如果你想使用Yelp查看评分结果，你可能要发表自己的意见，为改善体验做出贡献。

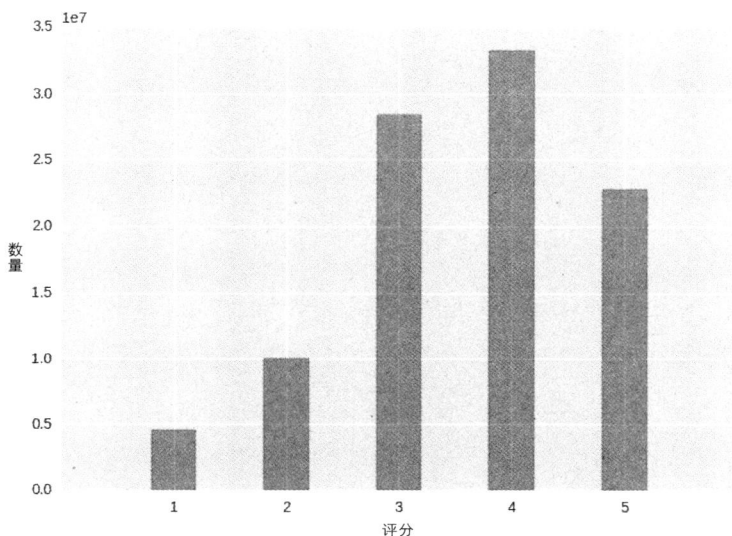

图 3　Netflix 数据集合中的评分

　　Yelp最近也公布了一套评分数据。图4显示了餐馆评分的分布图。这也是该网站上使用最广泛的类别。这个分布图类似于Netflix的分布图，说明Yelp的评分者在给餐馆打分时与Netflix的观众给电影打分是类似的。

　　那么共享经济网站上的评分又是什么样的呢？图5显示了空中食宿上一些代表性城市的评分分布图。这些分布图与前面的有很大的不同：每个都是"J型曲线"，大部分评分都非常高。评价系统的设计者看到这样的曲线后通常会认为有问题：在空中食宿上真的有那么多卓越体验吗？一般认为，导致这种曲线出现的原因有过滤（只有那些有好体验的客户才能在网站上打分）或偏见（客户在打分时受到别的因素的引导，起决定性的并非体验本身）。

　　更为戏剧性的是，图6显示了50万个评分结果的分布图。这些数据是

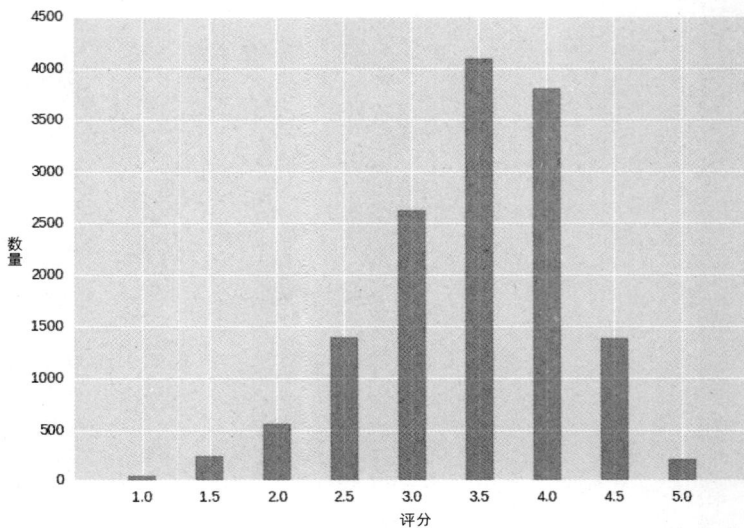

图 4　Yelp 给餐馆的评分

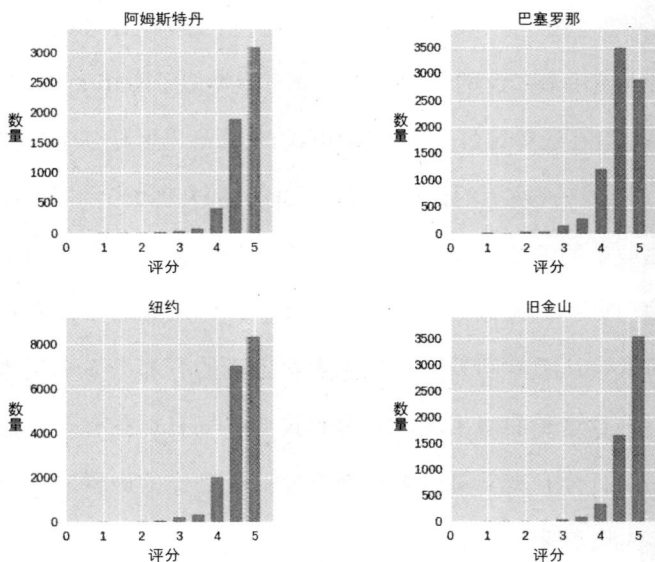

图 5　空中食宿部分城市的评分

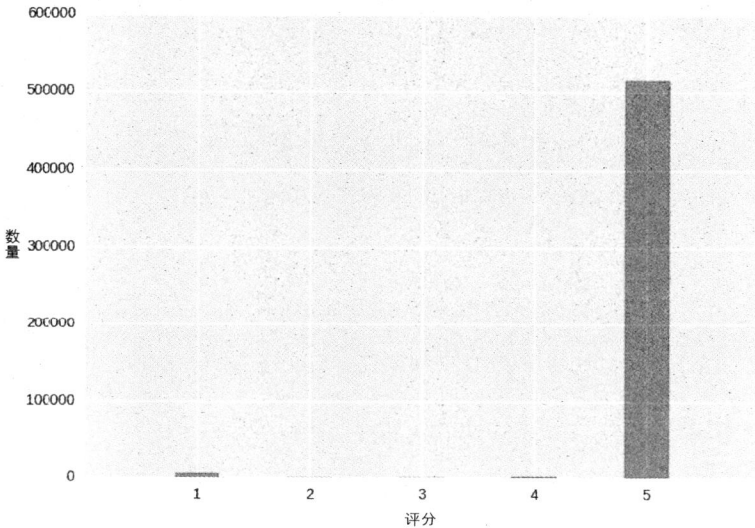

图 6 BlaBlaCar 上的评分

我从搭乘网站 **BlaBlaCar** 上搜集的，其中超过 **98%** 的评分都是 5 分。优步和 **Lyft** 对司机和乘客的评分结果并未公开，但大家知道这两个网站会把那些评分跌落到临界值（也就是得分在 4.5 分到 4.7 分）的司机 "停工"，所以大多数评分肯定是 5 分。同样，报纸上的文章表明，**Handy** 和 **Homejoy** 的平均得分也在 4~5 分。

共享经济的评分是有失偏颇的，但还有一个问题需要回答，我们才可以得出结论说它们完全违反了将好体验和坏体验区分开来的规则：虽然评分集中于一个很小的范围，可不可以说 4.9 的评分仍旧能够表明它比 4.7 分有更好的体验？到目前为止的证据都表明：不能。

即使是在评分结果分布均匀的评价系统（如 **Netflix**）中，个人评分和用户体验之间的关系也是说不清道不明的。**Netflix** 大奖赛的一个结果是，个人的评分往往与电影本身无关：人们往往会根据现有的评分来打分，所以得到高度评价的电影往往得分很高。最有力的竞争对手设法抵消这些影响，但只有在电影拿到百万个评分的情况下才行。而共享经济的情况完全不同。尽管Netflix比其他公司投入了更多的专业知识改进其评价体系，但Netflix公司在推荐影片时还是放弃了复杂的评级算法。

质量和评分之间没有必然的联系，这个结论在三位社会学家的一次实验中得到了证实。马修·萨尔加尼克（Matthew Salganick）、彼得·多兹（Peter Dodds）和邓肯·瓦兹（Duncan Watts）人为创造了一个音乐市场，要求14,000多名参与者在听完一组他们从未听过的歌曲后进行评分，然后有机会下载歌曲。参与者被分成九组，其中八组只能看到一项信息——同组其他人下载各首歌的次数。第九组人没有任何下载信息。实验的结论是，这种形式的评分影响着人们的行为：他们更倾向于下载别人下载了的歌曲——评分导致更大的不平等（那些下载次数多的歌曲被下载得更多）。每组下载量大的歌曲各不相同，这表明关于下载的评分并不能提供质量好坏的可靠信息。"最好的歌曲很少得差评，最差的歌曲很少得好评，但其他结果都有可能"。在共享经济的背景下，这意味着最初的评分会影响后来的打分：最初的低分可能要比后来打的分数更能影响声誉。

当评分被压缩到一个较小的范围内时，分数和质量之间本已脆弱的关系将会受到进一步的影响。最近一份针对空中食宿和猫途鹰上所列房源的研究论文得出结论说：'总体而言，空中食宿和猫途鹰的评论者之间没有达成一致。猫途鹰和空中食宿的评分相关性很弱，两个网站上相同房源的排名差别明显。"

　　总之，这些研究证实，评分一边倒的评价系统无法区分高质量和低质量的产品，也无法区分值得信赖的和不值得信赖的产品。没有任何证据表明，评分为4.9的优步司机或Handy清洁工要比评分为4.6的人更好。共享经济的评价系统是个败笔。它们无法解决本章开始时《纽约时报》专栏作家所说的那种信任问题。评价系统所依赖的那种颇具影响力的想法——即坏的行为带来坏的评分——简直是一厢情愿：系统设计人员过于专注于软件的优雅，以至于他们笃信这套系统能够发挥作用，太多的记者都拜倒在新鲜事物的承诺的脚下。

　　评价系统并不能替代监管。相反，他们能够替代公司的管理结构，而且是个坏的替代品。评价系统是来自地狱的老板——一个古怪、阴晴不定、不负责任的管理者，可以随心所欲地在任何时候解雇你，让你永世不得超生。

　　在人们相互评价时，也会出现J型曲线评分分布图——如同共享经济评价系统中的分布图。到目前为止，研究最广泛的评价系统——客户和服务供应商相互评价对方——是eBay的评价系统，已经有很多研究课题针对该系统进行了研究。早期，买家和卖家仅对对方做出正面、中性或负面的简单评价，双方都能看到对方给自己的评价。根据部分研究结果，eBay上高达99%的评分都是正面的。研究人员认为，这种极端的J型曲线正说明评价有失偏颇。例如：

　　　　事实上，在742,829名至少得到一个反馈的eBay用户中，67%的人得到了100%的正面反馈，80.5%的人得到了99%以上的正面反馈，这说明评价有失偏颇。

一开始，对这一现象的解释是害怕报复：如果你给了个差评，对方报复你，也给你一个差评，那么你自己的声誉也受到了影响。为什么要冒险呢？eBay采取了许多措施来消除报复的威胁（例如不允许卖家给买家打分），从整体上改善市场的体验，但正面的评价仍保持非常高的比例。打高分不只是因为害怕。

尽管Yelp主要是一个给餐馆评分的网站，但评分对象也包括了其他类型的小企业，图7是发型师评分的分布图。即使这里不存在害怕报复的担忧，但评分还是形成了明显的J型曲线。有人认为，这是因为当我们与其他人打交道时，特别是当我们随着时间的推移建立起某种关系时，日

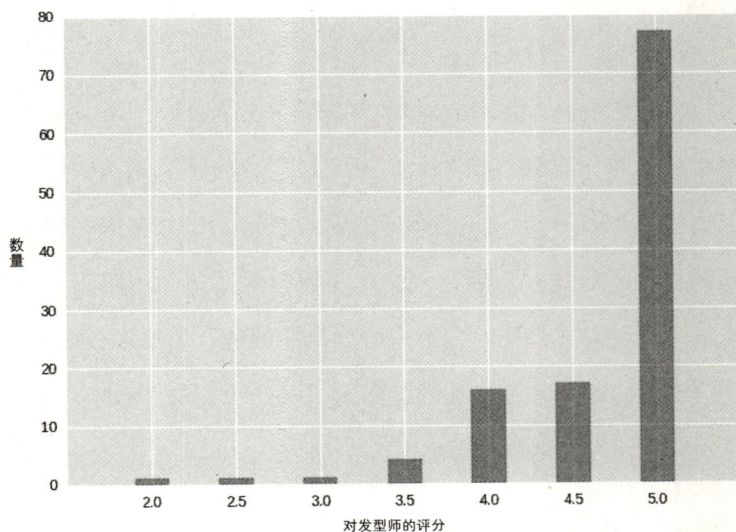

图 7　Yelp 数据集中发型师评分分布图

常的礼节规范使我们不愿在公众场合批评别人，我们会更多地表现得像《福布斯》撰稿人杰夫·贝尔科维奇所说的那样：

> 我曾搭过一次车，这辆车又脏又有霉味，与普通的黄色出租车没有两样。司机很友好，熟悉道路，但他显然未能达到优步的标准，即优选汽车必须处于"优质的车况"。据公司说，客户的反馈"对于确保高质量的体验至关重要"，所以当我给这次旅行打分时，我只给了司机 3 分。哈哈，开玩笑。我当然给了他 5 分。你以为我是谁，心理变态吗？

礼节规范也适用于市场交易。在交易结束时表示感谢是惯例：连我工作单位的自动售货机也会在我倒咖啡时在屏幕上显示"谢谢你，享受你的饮料吧"。在提供住宿加早餐的旅店和博物馆，留言簿上写满了彬彬有礼的感激意见。eBay 交易结束后的正面评分并不是一种评价（诚实的或不诚实的），而是出于礼貌。

更严格的规范适用于更私密的人际交往。我们可以随意向第三方批评客观的市场交易行为（没有人认为"我不喜欢这部电影"是不礼貌的说法）；但当涉及私人关系时，在公共场合说某人的坏话是不礼貌的，至少应该首先尝试私下解决问题。"不要散布韵事"和"如果你没什么好话可说，那就不要说话"就是这种规范的体现，但也有其他规范。经理们都知道要"表扬的话公开说，批评的话私下说"，否则就会使当事人处在难堪的境地，使当事人"不是反抗就是逃避"。当群体陷入困境时，不搞分裂、不告密、不打小报告、不搬弄是非就是规范。

评价系统描绘出共享经济的美好画面，犹如忘忧湖一样，每个人都比平均水平更好，因为人们都不报告不好的经历。一份对eBay评价系统的研究显示，eBay上大约五分之一的交易都会有某种程度的不满存在，但人们往往恪守"如果你没什么好话可说，那就不要说话"的格言。正如我们发出一声感慨，继续进行离线的交流一样，eBay上不满的客户不会给差评，而是干脆不给评价。保留一个绝大多数评分明显过高的评价体系给人一种客户有可能会订购的印象，也为那些习惯在亚马逊和Netflix上做生意的人制造了熟悉的假象。

评价系统还分散了对其他安全问题的关注度。监管筛查所解决的问题与评价系统所做的事情完全不同：大多时候，监管部门筛查的是客户自己看不到的东西。空中食宿的客人无法评价在发生火灾的情况下，他们所住的房屋有没有适当的保护，在某人家中分享大餐的客人不知道厨房准备食物的过程恰当与否，优步的乘客不知道汽车的刹车是否状况良好，而且大多数人永远发现不了。

对于共享经济公司来说，幸运的是信任陌生人并不总如宣传中所说的那样危险，我们在日常生活中就知道这一点。《连线》杂志可以刊登一篇《空中食宿和Lyft是如何最终让美国人彼此信任的》的文章，但事实是，美国人和其他国家的人几个世纪来一直是相互信任的。

仅当做坏事的现实动机存在之时，信任才是个问题，这就是为什么我们一直相信陌生人。我们在迷路时向陌生人问路，也相信他们的回答：他们为什么要撒谎呢？当我在维基百科上查阅亨利四世死亡的日期时，我相信答案，也是因为他们为什么要撒谎呢？

即使有占便宜的机会，大多数人大多时候也是讲体面的。店员会给我们找对零钱。人们通过克雷格列表、客齐集和分类广告买卖东西，而不需要任何评价系统的帮助。几十年来，人们搭车旅行，几乎所有旅行都是安全的。

头条新闻表达对"让一个陌生人住到家里"的惊讶确实是过于戏剧化了：我们经常让管道工、修炉工、清洁工和其他服务供应商到家里来；出租车司机一直都让陌生人进入自己的汽车；打车遇到的出租车司机也是陌生人。一旦发生了什么不爽的事情，我们只会感慨一下，然后继续前进。售货员脾气暴躁，管道工来得太晚，公交车司机停车和启动时太突然，这都不是什么大不了的事情。

（题外话：1981年我21岁时，曾坐飞机从英国到加拿大——这是我第一次坐飞机，还打算飞到纽约，坐公共汽车穿过布法罗。在飞机上，我和一个年轻人攀谈起来。他邀请我和他以及他妈妈在皇后区过一夜，第二天还送给我一盒中饭。多么美妙的新大陆经历！）

我是一名中年白人男子，但不是遇到的所有事情在其他人看来都是美好的。事情常常搞砸，无论是共享经济的交易活动还是与陌生人打交道。各行各业都会发生个别破坏信任的极端例子。评价系统的设计很糟糕，无法应对偶尔发生的破坏信任的极端案例，因为它依赖于长时间积累反馈所给出的评分。当事态的发展相当糟糕时，客户不希望发布一个3分的评价了事，而是想直接给公司打电话。这还不一定总能做到：一段时间以来，优步被商业改进局评为不合格，主要是因为它一直未对客户的投诉做出回应。

2011年6月，访客把旧金山房东EJ的家弄得一团糟，还偷走了她的珠宝、硬盘、护照和信用卡。事后，空中食宿不得不成立了一个安全部门。不过，一些丑闻仍持续爆出，其中一些上了报纸。标题讲出了故事："妓女把空中食宿的公寓变成了妓院""把卡尔加里的房子弄脏的空中食宿租客使用假信用卡开派对""空中食宿的房东在自己公寓里突击查到男妓后遭到侵犯""噩梦般的棕榈泉租户拒绝离开",更严重的是"空中食宿的公寓业主因强奸美国游客而入狱",等等。这样的事件不会被评价系统提前标记：一伙利用公寓从事卖淫活动的客人从过去的房东那里得到了好评,只有一个神秘的评论除外:"油污很难清洗干净"。好奇者可以在http://www.airbnbhell.com上找到很多不那么戏剧化(也没有多少证据)的案例。

优步的丑闻要比空中食宿更出名,包括殴打(乘客打司机或司机打乘客)、威胁、用户帐户被黑和事故。

面对这些事件,公司总是强调这些事情很少见,但罕见的事件仍然可以永远地改变一种行动。例如,20世纪90年代的两起家喻户晓的谋杀事件后,英国搭车的费用就一落千丈。尽管搭车旅行的风险仍然很低。当一名印度妇女因被司机强奸而起诉优步印度公司后,德里市以对司机进行充分检查为名取缔了优步。

可怕的事情会发生在酒店房间和乘坐出租车的人身上,但追究酒店和出租车公司的责任是有机制可循的,该机制提供了一个可以提高安全性的工具。而共享经济平台说着说着又回到协议的措辞,声称他们对这些事件并不负法律责任。新闻报道是迫使他们采取措施的唯一方法。

未说出的评论仍是评价系统的设计师和公司的眼中钉。2014年7月,空中食宿尝试鼓励更多的批评意见,决定只有双方都提交了对对方的评价后才会公布评价内容。公司以及能够接触到公司数据的研究人员都没有对变革是否成功发表意见。在另一项实验中,空中食宿的员工与外部研究人员合作，测试悬赏是否会对客人所发表的批评意见的数量产生影响。

其他的努力还包括试图从已有的信息中榨取更多的重要信息。空中食宿使用自然语言处理方法来分析评论正文中的批评意见。研究人员已经证明，把丢失的评论考虑在内能够更有效地衡量卖家的质量。这种做法的问题是，如果改变系统，把未说出的评价或被动性攻击的文字评论记录下来（并因此毫无保留地成为负面评价），客户的行为就可能改变，以避免因给出负面评价而遭受报复。

评分作为监督手段

尽管存在不足，评价系统确实达到了共享经济交易活动的一个目的：它们提供了一种让客户投诉服务提供商或者在极端情况下让服务提供商投诉客户的机制。评价系统的正统观点是批评意见给其他人提供了信息，但我们已经看到，从共享经济的评分中得不到多少关于质量的信息。相反，负面评论充当了向核心权威（共享经济公司）投诉的工具。

评价系统对于保持服务提供者的水准非常有用。大多数人习惯于给好评，除非他们的体验非常糟糕，但有一小群人很乐意发表批评意见，而这些评论可以产生很大的影响。在优步司机的评分体系中，分数从4.6滑落到4.5与Netflix上电影的评分下滑不同。它并不会影响到其他客户对司机的看法。差评其实是对优步本身的投诉，而优步有自己一套不可理喻的处罚体系，可以以任何理由将司机从平台上开除。威胁给差评成为摆在司机面前的一个陷阱。

优步司机的讨论区表明，大家常常担心偶尔出现的差评——差评是怎么来的，可不可以申诉（不可以），怎样才能避免？司机必须时常担心十个客户里有那么一个会抱怨你没有为他们提供瓶装水，或者过于热情，或者不够热情。

这与共享经济公司要展示的不同。他们的评价系统要求人们在给服务提供者打分时要"诚实"，对没有达到预期的服务提出批评。

Yelp举例说明自己是怎样追求诚实的评价的。Yelp对网站的评价进行筛选，只把可信的评价加入到整个评价内容中。它首选那些与Yelp关系密切的人（它的"精英团队"）的评价，但排除那些与服务提供商关系密切的人（他们认为这是偏见的来源）的看法。

Yelp提倡的是市场交易的规范，而许多餐馆老板提倡的是个人服务的规范。一个差评是"诚实的评价"还是"草率的抹黑"？评论者通过平台把他们的意见告诉给更多的公众是不是为大家做好事，不和服务提供商打交道算不算恶意行为？难怪许多餐馆不喜欢Yelp的评分：最值得信赖的客户的评价被剔除，过客的匿名评论却被给予了重视。餐馆老板反对Yelp上一个从来没有当面抱怨过的客户给差评，这并不是对"诚实的评价"有酸葡萄的心理，而是对规定的反抗。如果出现问题，餐馆老板希望客户将能给他们一个改正的机会，而不是直接用差评来公开羞辱。如果评分是礼节的一种标志，那么要求客户提供批评意见则是鼓励违反礼节规范。客户与服务提供商之间的关系越亲密，评价系统和交易规范之间的摩擦就越多。

随着空中食宿继续调整其评价系统，它似乎有可能按照Yelp的道路演变。空中食宿的研究人员试图从他们的客户那里收集反馈信息，提出"即使没有报复的可能性，客人也可能选择不提供负面反馈，因为他们不想伤害与他们有过交往的房东"，并进而得出结论：

> 根据我们的研究结果，交易场所应该这样设计评价系统，即让更多的参加者留下意见并且在鼓励反馈时让评价者和被评价者之间的社会距离最大化。

空中食宿的营销活动强调了其服务的个性化，但如果要收集正确的信息，评价系统需要房东和客户之间保持"社会距离"。

对于 Yelp 和空中食宿，评价系统恰恰破坏了它试图评估的那种关系。但从服务提供者的角度来说，评价系统成了一个监督形式，一个它们可能在任何时候遭到公开羞辱——对于共享经济平台来说是遭到处罚——的"斥责系统"。

共享经济的评价系统已经成为等级化和集中化处罚系统的掩护，这与声誉、"算法监管"，或通过评分进行"轻度"监管的理念毫不相干。我们信任共享经济平台上的陌生人的理由与我们信任酒店员工和餐厅服务员是一样的：因为他们的工作朝不保夕，客户的投诉可能会导致处罚。评价系统是一种"情绪劳动"；服务提供者不得不控制自己的情绪，摆出平台所需要的面貌，成为那种"家里有车的朋友"或"邻里互助的邻居"。这是快餐服务员说"祝您心情好"的升级版。

共享经济的评价系统没有解决信任的问题。他们确实对消费者有好处，因为它们提供了一种处罚机制，让服务提供商保持微笑和高效。对于服务提供商而言，评价系统是一种监控形式，主要实施者是平台上最有特权和最苛刻的客户。对社会来说，对共享经济所呼唤的共享理念来说，评价系统把我们变成一个告密者的社会，使我们能够随随便便地出卖我们的同胞，让他们接受严格和不负责任的处罚。

WHAT'S YOURS IS MINE

07   A Short History of Openness

第 7 章

开放简史

共享经济是从开放理念中撷取灵感的最新数字科技浪潮。开放源代码、开放内容和开放数据：所有这些都有望提高个人的能力，挑战大公司和政府的权力。正如共享经济声称自己是站在普通人一边去对抗连锁酒店和"高高在上的出租车"一样，开放也承诺站在代码爱好者一边去对抗微软，站在客厅音乐家一边去对抗大唱片公司，站在博客一边去对抗大型媒体公司。但是，这些承诺已经一个接一个地破灭了：它们非但没有创造出一个更加公平的竞争环境，还用另一套常常更加强大的体制来取代原先的一套也很强大的体制。本章阐述了数字开放的理念是如何一次又一次被人偷换概念，用于谋取私利的。

布莱恩·切斯基写道："在空中食宿，我们正在创造一扇打开开放世界的大门——在开放世界里，每个人都像在家中，有一种归属感。"开放几乎成了共享的同义词，所指的就是一种超越简单市场交易的交往行为，它对于共享经济的吸引力以及空中食宿讲述的故事来说至关重要。

共享经济并不是从开放理念中撷取灵感的第一波科技公司，肯定也不会是最后一波。马克·扎克伯格在写信给脸书的潜在投资者时是这样开始的："创造脸书原本不是为了成为一家公司。它的成立是为了完成一个社会使命——让世界更加开放和互联……随着更多地分享，人们就能从信任的人那里得到有关他们所使用的产品和服务的更多意见。这使得发现最好的产品、提高生活质量和工作效率变得更加容易。"扎克伯格可能已经忘了，脸书最开始是一个叫"火辣不"的网站，是哈佛学生用来比较学生的照片并投票表决谁的身材更火辣的网站，但他知道开放和共享最能吸引我们。

开放对于互联网的出现至关重要。随着大学和政府实验室建立起基金会（美国国防部先进研究项目局DARPA），程序的源代码在参与早期互联网社区的研究者之间共享。早期的应用（电子邮件、新闻组）基于没有中央服务器的分布式网络架构；早期的互联网是一个非商业、分散式的环境。互联网所基于的基本协议和标准（像TCP/IP、HTTP、HTML和DNS）过去是、现在也还是开放的。不仅其技术参数是开放的（任何人都可以执行），其哲学理念也是开放的：例如，它们的设计理念是使得任何计算机都可以添加到网络，不必请求获得某个管理员的许可。

早期在互联网上运行的软件也是开放的——以非商业的方式主要在研究人员和大学、政府人员中进行共享。万维网是在欧洲核子研究中心发明的，第一代网络软件是在政府实验室开发的，Mosaic浏览器和Apache Web服务器是在美国国家超级计算应用中心创造的。这些应用程序的源代码并不由哪个公司所拥有，而是作为"开源"提供给任何想用它的人的。

在政府资助下建设的互联网的前身如ARPANET，商业用途被明令禁止。但1992年的《科学和先进技术法案》（*Scientific and Advanced-Technology*）允许美国国家科学基金会与商业网络互联，商业和非商业活动开始混杂在一起。虽然人们曾就在互联网上追求利润道不道德有过激烈的争论，但电子商务后来有了爆炸式增长。数字开放性互联网往往被视为一个开放的天然场所，因为文件和文档可以被复制：我可以给你拷贝一首歌并仍保留一份给我自己；我可以将视频上传到YouTube，每个人都可以观看。如果软件或歌曲是"开放"的，它们就不再是私人拥有的商品：它们免费供他人随意使用，所以不属于商业领域正常的购买和销售。似乎开放是来取代商业市场的。但在互联网上，开放与市场共存：YouTube是一种内容共享方式，但它也是一个以营利为目的的公司。在这种复杂的环境下，开放产生了两方面的影响：

1. 破坏了现有的市场。为了各种目的而把产品或服务的价格降为零，破坏了那些从前控制着这些产品或服务的人的生意。Napster免费提供歌曲对唱片公司和大街上的音乐商店的生意构成威胁。

2. 为互补性产品创造了新的市场。互补性产品是指通常一起出现的产品或服务，于是降低一方的价格就提高了另一方的需求。文件共享增加了对互联网服务提供商、文件共享网站以及数字音乐播放器的需求。这些新市场的阴影如影随形——开放性蔓延到哪里，它们就去到哪里；新的市场必定在旧的废墟上出现。

对现有市场的破坏吸引着那些想找个东西来替代自由市场、认为开放挑战了社会中已经存在的等级制度和权力失衡的人。它是空中食宿在谈到社区时的一个愿景，即用"共享自己居住的住房的普通人"来取代大规模的连锁酒店。

但是，开放也吸引着那些想要建造更大规模公司的人。商业利益一次又一次利用开放所拥有的非商业化特性作为幌子，掩盖自己商业化的议程。问题是，开放并不仅仅创造新市场和新业务来取代它们所破坏的旧市场和旧业务，往往还创造了竞争更小的市场和更强大的企业。

开放所破坏的市场往往具有传统的结构，其特点是收益递减，市场力量分散，范围有限。建立更大的音乐商店，其回报往往会下降，某些时候还很不经济，从而为专卖店和竞争对手创造了空间。如果唱片公司加入过多的新艺术家，那么该公司往往无法同时推广所有这些人，所以唱片公司不得不走专业化和竞争的路子。

与此形成对比的是，信息产品的"基本特点"是不变的固定成本和零边际成本，因此数字环境下市场的特点是"收益递增"：公司越大，它就会变得更大。市场很可能变成由少数大企业控制、各自都具有强大市场力量的寡头垄断格局。几年来，苹果公司的iPod和谷歌旗下的YouTube并没有真正的竞争对手。

使数字市场收益递增的渠道可归结为"网络效应"：每种服务的新用户都能增加这种服务的价值。社交媒体公司显然从"网络效应"中受益匪浅：你加入的那个社交媒体平台恰好是你想遇见的人们相互结交的平台。但收益递增还有不太显见的其他形式：谷歌从每一次在其平台上进行的搜索中学习知识，因而相对它的对手始终保持着优势（就如同谷歌现在这样）；广告主希望使用大多数人频繁使用的搜索引擎，所以主流的搜索引擎将吸引最多的广告资金，为其进一步增长提供助力。其他的网络效应是实体世界所熟悉的：一个成功的企业品牌能够传递熟知和可靠的形象，所以增长得也更快。又比如对于亚马逊来说，一个成长中的企业可以提供资金，这些资金又可以重新被投入到建立更加高效的基础设施上，推动下一个竞争优势周期。

这并不是说网络效应可以无限持续。新技术的出现确实同时也挑战了守成的公司，譬如音乐流公司挑战苹果的iTunes商店。同样，文化本能也不只是把我们聚拢在脸书上，它也驱散着我们。哪个青少年想和他们的父母待在同一个社交网站上？因此，Snapchat和Instagram成为下一代的社交网络，后来者（有货、耳语、WhatsApp、kik）尝试创建吸引新一代的新身份。面对品位的代际变化，这一代公司可以做的有时就是买下它的挑战者，如脸书已经买下了Instagram和WhatsApp。

网络效应不是互联网所独有的，但互联网创造了一个可以让网络效应变得特别强大的环境。一方面，显然它们没有像是电话网那样被国家的边界所束缚。成功的企业足不出户就可以成为国际公司，甚至什么事情都不用做。谷歌可以为澳大利亚人提供搜索结果，也可以为加利福尼亚人提供；向巴黎播放电影的技术难度并不比向纽约播放更大。同样，一家企业会受到现实情况（亚马逊需要建立配送中心）、文化情况（例如语言）、法律情况（例如许可的限制）的限制，但其影响全球的潜力一直存在。

本章中的事例展示了数字领域的开放远没有在个人与强大机构之间创建公平的竞争场所，而更多地是帮助创建了原有市场的翻版。

开源软件

1991年，芬兰学生莱纳斯·托瓦兹（Linus Torvalds）"只是为了好玩"开始了开放源代码操作系统的工作，后来发展为Linux系统并迅速演变成一种现象。Linux被誉为是关系松散的"黑客们"（即为了乐趣而不是为了工作而编程）业余（即非商业化）之作的胜利。1998年，埃里克·雷蒙德（Eric S. Raymond）著名的《大教堂与集市》（*The Cathedral and the Bazaar*）是这样开头的：

> Linux 是颠覆性的。五年前，谁曾想到，仅靠几千名遍布全球的开发员、仅通过脆弱的互联网连接、仅凭业余的黑客技术，一个世界级的操作系统就能像被施了魔法似的搭建起来？

Linux和其他开源软件项目的成功带来了对一种全新方式的乐观情绪，即依靠对等者（peer）所构成的网络来创建复杂产品。尤查·本科勒（Yochai Benkler）在他的《科斯的企鹅》（*Coase's Penguin*）以及后来颇具影响力的《网络的财富》（*The Wealth of Networks*）中对对等网络进行了学术探讨，认为Linux是一种新生产形式的原型，可以重塑经济。其观点认为，传统经济的驱动靠的是市场、层级企业或国家机构，但科勒看到了第三种可能性——他称之为"基于共有领域的对等生产"。"基于共有领域"是因为结果不属于任何人；"对等生产"是因为参加者都是对等者。在《科斯的企鹅》中，本科勒揭开了人们为什么要为Linux和其他工作贡献力量：

> 程序员一般不参与（开源）项目，是因为他们的老板不让他们这样做，不过有些人也确实参加了。他们一般不参与，是因为有人为他们付了钱，尽管有些参与者确实关注咨询合同和服务合同等金钱活动所带来的长期拨款。但在何种程度上参与该项目不能用一句命令、一个价格甚至未来的货币收益等来解释，最重要的是微观层面的决定，如选择为哪个项目出力。换句话说，参与自由软件项目的程序员并没

有遵循以市场为基础、以企业为基础或兼而有之的模型所发出的一般信号。

Linux的成功似乎验证了本科勒对这种新的生产方式抱有的希望。尽管还不得不与世界上最大的科技公司如惠普、IBM、Sun以及微软和苹果等商用操作系统一争高下，但现在Linux基金会可以说："今天，98%的世界超级计算机、大多数互联网所使用的服务器、多数金融交易网络、全世界数以千万计的安卓手机和消费电子设备都是靠Linux驱动的。总之，Linux无处不在。"

但是，随着Linux的不断壮大，它也已经发生了改变。每年，Linux基金会要发布一个报告，写清楚构成Linux内核即操作系统核心的源代码是谁写的。2015年的报告清楚地写出了这个庞大项目不断变化的特征。Linux内核目前有约2000万行代码，比埃里克·雷蒙德写论文时多十倍。Linux内核在2014年共收到4000个程序员的近10万条代码，但令人惊讶的是只有八分之一的修改是出自"没有从任何公司得到任何财务帮助"的程序员。而且

> ……所有内核开发工作的80%以上明确是由那些以劳动换取报酬的程序员所做的……多年来，不拿报酬的程序员所贡献的代码一直在缓慢减少。2012年的比例是14.6%，2013年是13.6%，现在是11.8%……超过一半的新程序员从他们的第一个补丁开始就一直是拿着报酬来进行内核工作的。

Linux不再是"业余黑客技术"的产物。大多数从事项目的程序员

靠写程序过上了不错的生活，就像那些做专有软件的人一样。赞助和为Linux做贡献的公司不是出于慷慨才这样做的，他们这样做有充分的商业理由。最大的贡献者是英特尔，它靠卖电脑硬件赚钱：投资于Linux是为了确保Linux能在英特尔的电脑上运转良好，也可以作为英特尔与微软密切伙伴关系的一个风险对冲。紧随其后的是红帽公司，它通过向IT部门销售支持服务以及自己的Linux版本来赚钱。IBM通过销售咨询服务、计算机硬件、其他在Linux上运行的软件和应用程序赚钱。移动计算公司如三星也希望确保Linux在自己的硬件产品上能够很好地运行。

　　Linux不再是颠覆性的。它已经逐步从一个局外人变成在现有商业世界里占据相当地位的一员。从某种意义上说，如果说这是一场革命，那么Linux已经赢得了这场革命；但这只是一次动物农场式的胜利。赢得地位后的Linux已经变成它所颠覆的东西：更专业化、更结构化、管理更加严格。Linux并没有削弱强大的机构和公司（虽然它令一些操作系统过时）；相反，这些机构已经学会了靠Linux愉快地生活并从中获利。

　　Linux的故事在更大范围的开放源代码软件领域一遍遍地重复着。最初，它被描述为一场"运动"，至今一些人仍这样看待它。开源已经成功挑战了强大的机构，但取而代之的是新的强大机构。

　　曾几何时，在软件行业，把"开源计划"（Linux）拿来与"封闭源代码公司"（微软是首选目标）对比是有道理的，但现在最大的软件公司以及每一波新的创业公司均以务实的方式将开放源代码和专利代码混用，把有价值的工作留在公司内部，对那些不会给公司带来竞争优势的工作进行开源项目合作。甲骨文和微软被视为"闭源"公司，但甲骨文拥有Java编程语言和MySQL数据库，二者是世界上使用最广泛的开源项目，而微软也把".NET"编程语言变为开源资源。同时，号称开放的公司如谷歌把自己关键的知识产权部件保护起来。和Linux内核一样，开源世界随着时间的推移已经变得更加专业。2014年的研究表明，为开源项目贡献的所有代码中，有一半是在工作时间内完成的。2007年，一篇博士论文显示，在开源项目内，"有报酬的开发者更有可能把持着代码库的关键部分"。

尽管大的互联网公司都将开源软件和专利代码结合起来，许多硅谷公司的文化似乎信任开源计算和开放所带来的好处。产品管理部门高级副总裁乔纳森·罗森伯格（Jonathan Rosenberg）在一封写给谷歌员工的电子邮件中描述了这种信任。这封信得到了广泛好评，所以2009年12月谷歌在公司的官方博客上转载了它。

罗森伯格的信是这样开头的："在谷歌，我们都相信开放系统最终会胜利。它带来更多的创新、价值，给消费者带来选择的自由，给企业带来充满活力、有利可图和有竞争力的生态。"这是一篇富有感情的文章，支持开放标准和开源软件，反对专利软件；支持为大家烤制一个更大的馅饼，而不是为自己争夺最大的份额。

然而，罗森伯格的观点有一个例外，不可避免地让人嗤之以鼻。事实证明，谷歌对开放做出的承诺并不包括运行搜索和广告等核心业务的软件：

我们的目标是保持互联网的开放，从而推动选择和竞争，防止用户和开发人员闭目塞听。但在许多情况下，尤其是我们的搜索和广告产品，开放代码的做法无助于实现这些目标，实际上还会伤害用户。由于转换成本很低，搜索和广告市场的竞争非常激烈，所以搜索引擎的用户和投放广告的客户的选择面很广，而且不会被阻挡在市场之外。更何况现在开放这些系统将使人们"猜出"我们的算法，从而操纵搜索和广告排名，降低我们给每个人提供服务的质量。

罗森伯格在两个方面避重就轻。首先，谷歌对搜索群体的持续统治地位有悖于他所说的竞争激烈；显然，进入搜索领域门槛很高。第二，除了搜索和广告类产品，谷歌还一直保留着它用来运行大型数据中心的定制软件，包括它自制的谷歌文件系统和谷歌Bigtable软件。罗森伯格倡导的开放系统只是对封闭的"黑匣子"算法的补充（正如法学教授弗兰克·帕斯夸莱在他的新书中所介绍的），而这些算法才是谷歌的关键业务。

三年来，罗森伯格一直充当谷歌管理层的顾问，发现自己所处的"世界已经超出他最狂野的想象"。从《维基经济学》、从加拿大政府的公开宣言、从非营利的可汗学院的视频讲座、从医疗领域的PatientsLikeMe和谷歌的地图工具、还有从谷歌智能手机和浏览器的成绩中，罗森伯格得出结论说，开放还需走得更远："我们甚至必须把目标定在公开的互联网之外。所有机构都必须不断接受这种精神。"硅谷的野心是：在互联网中重塑世界。开放的机构、开放的政府、开放的渠道。这个野心也是共享经济所力求实现的：以开放的理念重塑整个行业、重塑与政府的关系，但要为自己保留一点东西。

罗森伯格这种相互矛盾的信念算是一种典型的硅谷文化。他完全相信开放，庆幸自己和自己所在的行业发现的观点"有别于那些接受传统训练的MBA学生，这些学生认为要想创造一个可持续的竞争优势，就要创建一个封闭的系统、然后使其流行、而后在整个产品生命周期中牟取好处。"然而他不但这样做，还轻描淡写地提到：那些为谷歌挣到真金白银的软件应维持封闭——这令人遗憾，也让人吃惊。可悲的是，这恰恰就是硅谷的观点。

仍旧有很多人把开源软件看作是一场社会运动而不是商业世界的一部分，仍旧有很多人相信开源软件使人的自由成为可能，仍旧有很多人对硅谷的巨头们投以鄙夷的目光。例如，自从斯诺登揭露国家安全局在互联网上实施监控之后，计算机安全研究员雅各布·阿贝尔鲍姆（Jacob Appelbaum）在2012年12月的第29届混沌计算机俱乐部年度会议上就国家监控发表了一场定调演讲，其中包含了对开源发展的高度赞誉：

> 为了自由我们可以靠编写免费软件谋生，而不是为警察编写封闭的专业恶意软件……这些才是每一个从事免费软件和开源软件开发的人应该关注的……当我们编写出免费和开放的源代码软件后……我们就能让人们获得他们之前无法获得的自由。从字面上看，那些编写免费软件的人是在给予自由。

不幸的是，免费和开源的软件并不能取代国家安全局监视技术。开放并不一定带来自由。阿贝尔鲍姆在美国国家安全局的对手们也接受开源软件，用它来监控阿贝尔鲍姆的正当批评。在阿贝尔鲍姆协助公开的斯诺登文档中，国家安全局的"无界线人"（Boundless Informant）计划宣称，他们"使用免费和开源的软件技术"，例如用Hadoop文件系统来存储大量数据，用MapReduce来查询数据，还有Cloudbase数据库系统。美国国家安全局是乐于使用免费软件的，但没有想过给予自由。

美国国家安全局不仅是免费软件的用户，它还与军方的其他部门一道，是开源社区的积极分子。举一个相关例子：2008年，美国国家安全局创建了数据存储和大数据检索系统Accumulo。在GigaOm研究公司供职的德里克·哈里斯（Derrick Harris）说，Accumulo"从数据分析角度说是国家安全局一切事情的关键"；它可能是"无界线人"开源堆栈的一部分，用于存储和分析威瑞森电信的FISA数据。开发Accumulo后，国家安全局将其提交给Apache基金会———一个"为Apache社区提供开放源代码软件项目支持的组织，为公益提供软件产品。"

总之，Accumulo——这个为监控公民、扩大安全部门影响力而专门开发出来的软件——现在得到了开源社区的滋养和支持。

开放内容

2000年互联网泡沫破裂后，许多商业互联网公司的野心遭到了打击，但持续的时间并不长。第二次浪潮是"Web 2.0"，即出版商蒂姆·奥莱利（Tim O'Reilly）所说的"把网络作为平台"。在电子邮件和新闻组的"Web 1.0"世界里，内容在整个计算机网络之间传播。在Web 2.0的世界中，内容被托管在某个组织所拥有的电脑服务器场中，由该公司自己的软件来管理——通常被称为"软件平台"。所有的脸书帖子都在脸书的服务器里，所有的推文都在推特上，所有的YouTube视频都在谷歌上。在Web 1.0的世界里，构成分布式网络的人们通过分布式计算机网络交往；在Web 2.0的世界里，构成分布式网络的人们通过一个集中的软件平台交往。

如果说Web 2.0有一个原型，就好像Linux是开源软件的原型一样，那么Web 2.0的原型肯定是维基百科——一个所有人都可以参与编辑的卓越的百科全书。维基百科被如此多的人认定为是基于Web的协作，以至于它的名字已经进入书名（《维基经济学：大规模协作是如何改变一切的》）和相关的计划（维基解密）中。在本科勒的《网络的财富》一书中，维基百科扮演着"基于共有领域的对等生产"的典范。但到头来，与其说维基百科代表了规则，还不如说它是个例外。虽然还有其他不以营利为目的的大规模协作平台（如OpenStreetMap），但没有哪个非商业网站已达类似维基百科的影响力。维基媒体基金会执行主任苏·加德纳（Sue Gardner）2011年写道：

> 维基百科代表着互联网最初承诺的兑现：它是为了公共利益而展开网络协作的典范。回顾互联网的发展初期，我们会认为互联网中都是和维基百科一样的东西。事实证明，我们基本上是错的：看看世界上最流行的网站，很容易就注意到在前25个网站中，只有维基百科的主要目的是提供非商业化的公共服务。

到2015年，"前25"可以扩大到前50：事实上，在网站流量的榜单中，下一个非商业网站是从一开始就被数码爱好者看不起的一家机构——久负盛名的英国广播公司，它排在第70位。

事实证明，作为一个Web 2.0平台的拥有者是非常有利可图的；但那种认为Web 2.0平台是一股新的民主力量，可以带来一个更加开放、平等的文化的想法依然令许多人无法抗拒。这种吸引力与共享经济所说的"对等"有着相似之处。

商业Web 2.0平台如亚马逊、Netflix和iTunes可能在这个意义上不算是"开放的"，因为部分内容是受到控制和得到授权的，但在本书中，我们可以把Web 2.0平台看作是受到"开放内容"的启发。在他2006年影响深远的《长尾》（*Long Tail*）一书中，《连线》杂志主编克里斯·安德森把Web 2.0平台如亚马逊和Netflix的崛起与开源软件给人带来的颠覆性和自由的形象联系在一起。他的想法是，沃尔玛、零售连锁书店和唱片公司等实体世界代表了"大家伙创造的世界"，不得不在大批量产品这个"短头"（short head）的基础上建立自己的企业。相比之下，网店不受"地理位置"的制约。亚马逊可推介数以百万计的书籍，虽然每一本都不起眼，但它们共同构成了需求的"长尾"，而最大的实体书店则只有几十万书籍。对于安德森而言，亚马逊代表了市场在经历了几十年同质化大企业后向多品种和多样性的回归："我们正在从大众市场转向一个细分国家，它的界限不是由地理而定，而是由兴趣而定。"在一个长尾的世界里，不需要有正式的把关者来选择或限制能够找到其受众的作品；相反，Web 2.0平台采用众包式的消费者评论和推荐系统为我们筛选："通过把无限的货架空间和购买趋势、公众意见等实时信息结合起来……无限的选择揭示出消费者想要什么以及想如何得到它。"

亚马逊和空中食宿在很多方面是相似的。两者都是——至少部分是——软件公司，其库存不过是数据库中的条目并通过网址访问。一切都可以进入数据库：对于亚马逊的书来说，可能是《哈利·波特》（*Harry Potter*）系列或从来就没有人读过、自出版的不知名书籍，或介于二者之间的书籍。空中食宿的纽约数据库包括1000多个从来就没人评价过的房东，至少有一个房东列出了100多个房源。从这样一个数据库中挑选几个、编造出一个介绍他们自诩的业务的故事是一件很容易的事情。《长尾》的开篇是一个叫"触及巅峰"的故事。这本书本来默默无闻、被人冷落，直到亚马逊读者的评论将其推入畅销书排行榜单中；而我们也已经看过空中食宿围绕房东所杜撰的故事。

除了这些结构上的相似之处外，安德森"商业的未来"理念与空中食宿的共享城市宣言也存在共性。二者都让人想起更简单、更个性化的前工业化时代。布莱恩·切斯基说："城市就是最初的共享平台。但随着时间的推移，它们变成了大批量生产。我们居住得越来越紧密，但心却渐行渐远。但是现在，城市的共享又回来了，而我们要为创建这样的未来出力。"安德森和切斯基都选择实体文化中最整齐划一的领域作为他们的参照物（连锁书店、连锁酒店）。

鉴于这些相似之处，了解安德森长尾理论所确定的产业是如何发展的，能使我们看到共享经济今后可能的演变路径。事实证明，在安德森出书推广其想法的10年后，"大时代"还没有结束：大家伙们都活得很好。

安妮塔·埃尔伯斯（Anita Elberse）所著的《大片效应》（*Blockbusters*）以最全面的视角审视了过去20年来娱乐业的实际发展进程。

那些拥有Web 2.0平台的公司就是大家伙（Blockbusters）。有若干因素使得许多数字化市场变成了"赢家通吃"的结构。亚马逊不仅是美国最大的网上书店，而且领先幅度巨大。而数字化市场往往又是全球性的：沃尔玛可能在美国算大的，但它的全球扩张却只是局部奏效；而亚马逊在全球的主要市场上都是重要的网络零售企业，Netflix和iTunes等其他网络服务商情况也类似。

此外，正如埃尔伯斯介绍的，各大数字化平台如亚马逊和iTunes都决心下大力气将重磅产品纳入其中。Lady Gaga决定为其2011年的专辑《天生如此》（*Born This Way*）拟定一个盛大的发行战略：她与亚马逊合作，以折扣价格销售了44万张专辑，第一周的销售量就超过了100万张。三年以后，苹果公司高调地在用户的iTunes音乐文件夹中免费提供U2乐队的"纯真之歌"；Netflix也投入三资开发内容轰动、面向大众市场的电视连续剧。

对重磅产品的关注也超出了对个别产品的推广。曾为《长尾》一书满怀热情地撰写简介的谷歌CEO埃里克·施密特（Eric Schmidt）在两年内就改变了主意。2008年，他曾说："虽然长尾理论很有趣，而且我们要利用长尾，但收入的绝大部分仍然在头部。这是各企业都要吸取的教训。虽然你可以制定长尾策略，但你最好还得有个头，因为所有的收入都来自于头。"埃尔伯斯援引施密特的话说："互联网很可能会导致更重磅产品的出现和品牌的集中化……当你把大家聚集在一起的时候，他们仍然需要一个超级明星。他不一定是美国的超级明星，而是一个全球的超级明星。所以这意味着全球的品牌、全球的企业、全球的体育明星、全球的名人。"

总体而言，在审视多个文化产业的格局后，埃尔伯斯得出结论："随着需求从货架空间有限的线下零售商向花色品种多得多的网上渠道转移，销售的分布并没有让尾部越来越肥。相反，随着时间的推移，消费者在网上购买更多的商品，尾巴会越来越长，但肯定越来越瘦。个别畅销产品的重要性不会随着时间的推移下降。相反，重要性会增长。"

承诺颠覆大规模生产并带来个性化的"小众文化"的技术，到头来又回归到重磅产品。冲突是有的，特别是在亚马逊和各大图书出版商之间，但这些冲突往往是争执谁留下作者和艺术家们所创造的金钱。

开源承诺建立一个民主化的世界来替代商业软件的世界，到头来却成为商业世界的一部分。Web 2.0平台承诺创造一个更加平等的世界，让艺术家可以直达全球观众，但到头来却给了我们更多的重磅产品。

正如开源程序员把他们的代码拿出来免费给别人使用一样，技术领域的许多人也反对文化领域里其他形式的封闭。版权是限制文化内容传播的最突出的法律机制，大的唱片公司占有音乐产业大部分收入，这使它们成为众矢之的。Napster公司的兴衰故事众所周知，随后，大量传播电影、电视剧和音乐的比特流文件共享网站应运而生。一些人庆祝"盗版"的崛起，他们认为自己是对抗大企业的民粹主义者，就像自由的开源黑客认为自己是微软和其他专利软件公司的对手一样。谷歌等公司试图在两个阵营之间当骑墙派：侵犯版权的音乐视频是YouTube网站成功的一大动力，谷歌也想靠YouTube赚钱并要求合作。

版权、文化和数字技术所产生的各种问题在无数的书籍和文章中被人探讨过，所以在这里我将重点放在与共享经济有共同之处的故事内容上。

在2008年的《混音》（*Remix*）一书中，法学教授、开放文化的重要倡导者劳伦斯·莱斯格（Lawrence Lessig）支持在文化作品中推行更加自由的共享。他的书采用的是黄金时代的历史观，与上文提到的克里斯·安德森和布莱恩·切斯基的观点相似。莱斯格说，曾经有一段时间，业余爱好者和专业人士都在消费和创造文化（用二元构成的话说，他称这些是"读"和"写"的活动）。

可是后来，出现了20世纪的大规模生产："在人类文化的历史上，从来没有文化生产被专业化的情况，从来没有文化生产像这样集中的情况。"在数字技术的驱动下，21世纪有望实现参与文化的复兴，钟摆又重新达到一种更健康的平衡状态。该状态之所以健康是因为互联网"让更大范围的人开口发言"，并使业余爱好者掌握新的文化，"创造了一个原来只有专业人士才懂的环境"。

莱斯格主张所谓的"混合经济"，即互联网平台使得共享和销售并存。这和开源与专利软件并存的方式很相似，与人人"挣一点点外快"而不是做全职工作的共享经济相似。而且，正如劳伦斯·莱斯格所认为的，现在是时候抛弃"为一个完全不同（过时）的技术时代所构建的版权体系"了。与此类似，共享经济的倡导者认为，为出租车和短期租赁而制定的法律已经过时，已经被新技术废弃。

但是，正如Web 2.0平台发现重磅产品策略仍在起作用，莱斯格推广的参与型平台在民主化方面差强人意。开源软件和开放文化之间存在差异：在软件开发领域，许多为开源项目贡献代码的人从编程工作中获得了稳定的收入（无论是直接为开源项目贡献代码还是进行辅助性工作）。文化产业的情况就不同了：如果把艺术家的作品拿来免费使用，那么他们从哪里赚钱呢——这并不容易看出来。因此，文化的创造者——有的着迷于开源的事例以及数字化销售直接连接受众的可能性——已经对Web 2.0的世界感到越来越灰心了。2008年，活动家兼歌手比利·布拉格（Billy Bragg）在《纽约时报》上发表了一篇专栏文章，讲述他与社交网站Bebo的首席执行官迈克尔·伯奇（Michael Birch）交往的经历。当时，后者刚刚把Bebo以8.5亿美元的价格卖给了美国在线。在联系布拉格以帮助创建Bebo时，伯奇为音乐家们制定了一个宏伟规划：

> 他希望借寄存音乐作品来扩大自己的业务，想让我就如何构建一个以艺术家为中心的环境提点意见，这样音乐家们可以发布原创歌曲，无需担心失去对其作品的控制权。我们谈话结束后，伯奇先生告诉媒体说，他希望Bebo首先要成为一个为艺术家着想、捍卫他们的利益的网站。
>
> 在讨论中，我们在很大程度上忽视了最大的问题：他是否应该考虑向艺术家们支付某种形式的特许权使用费。毕竟，他不就是在利用他们的音乐来为公司吸引会员还有广告的吗？Bebo这样的社交网站说他们没钱来分配——他们的价值在于其参与者的身份。不过上周，迈克尔·伯奇应该意识到了参与者的价值了。我敢肯定，他会奖励那些助他成功的技术人员和会计师。也许他也应该考虑艺术家们所做的贡献。

版权是各大唱片公司侵吞文化界资金的一种工具，但反版权的做法同样被用于强取豪夺。YouTube和iTunes都得益于廉价（甚至免费）的

"源"材料。把"内容"变成免费的对于数字平台来说是好事，但对艺术家们来说就没那么好了。

关于反版权运动是如何失去与声称支持它的群体的联系这个问题，最清楚的分析是制片人兼活动家阿斯特拉·泰勒（Astra Taylor）2014年所写的一本书《人民的平台》（*The People's Platform*）。作为一个靠艺术谋生的人，泰勒越来越怀疑那些把艺术创作看作是业余玩票的人，那些主张艺术创作免费以获得曝光率的人，那些主张到其他地方寻找赚钱机会（音乐会、会议、T恤、咨询）的人。反对版权的人干脆把支付的问题搁在一旁，但提出这些观点的那些人常常不缺钱。法学教授尤查·本科勒告诉我们："钱并不总是最好的激励。"传媒教授、其著作受版权保护的成功作家克莱·舍尔基（Clay Shirky）提醒我们："业余的精髓在于内在动机：业余爱好者就是做事完全出于对它的热爱。"哈佛商学院的一份期刊认为，行业盈利能力的下降"不会影响产量，因为艺术家们独一无二的动机将驱动他们不断制造音乐，即便这样做是赔本的。"

泰勒的书生动地抓住了艺术家们在开放和共享的世界里的问题。当她发现自己的纪录片《审视的人生》（*Examined Life*）在首映后不久就被发布上网时，她写了"一则带有感激口吻的留言感谢各位上传者热情支持该项目。然后，我告诉他们说，这部电影的制作费用相当高，我们即将在电影院以及面向家庭观众发行。我接着说，我想用几个月的时间，通过向观影人收费的方式收回电影的部分成本……我想知道，在此期间他们会介意把影片删除吗？"在回复她留言的两个人中，有一个人说："因为我的（泰勒的）电影是关于哲学的，而哲学是属于世界上每一个人的，所以我的电影也是世界上每个人的。"另一个人说的话也大致相同，只是骂人的话多了一点。对艺术家要求报酬的这种态度让人联想到贝尔托·布莱希特的话："在位高权重者中，谈论食物常被人所不齿。而事实是：他们已经饱餐过。"

那些期待互联网平台可以替代现有行业的创作者（或者"内容制作者"）们，大都发现自己和比利·布拉格和阿斯特拉·泰勒一样失望。最近的一个例子是谷歌和独立音乐人之间的关系。大提琴家佐伊·基廷（Zoë Keating）在YouTube上开设了一个频道，作为培养观众群的推广渠道，用YouTube的内容身份系统（Content ID），从播放其音乐的视频中获得一部分广告收入。但谷歌改变了YouTube的收入模式并告诉基廷说，如果她想继续使用内容身份系统，她就必须签署一份新的服务协议，承诺在YouTube发布音乐前她不会在其他地方发布，还要在她所有的视频上播放广告，还有许多其他规则。内容可能是开放的，但平台不是。

业余爱好者的崛起、开放的崛起以及自由文化的崛起并没有以重磅产品的消亡为代价，相反却导致了"中间部分的缺失"。那些期待以低调的方式从他们的艺术（或作为书商、编辑等发挥创造性的作用）中谋生的人发现，自己被排除在所有这些变化之外。正如独立出版商安德鲁·富兰克林（Andrew Franklin）2014年说的：

> 大的畅销书作者占据了越来越大的市场份额。正如后工业资本主义晚期的每一个分支一样，富人变得更富。新作家、奋斗中的作家和处于中流的作家发现形势越来越难。这对一般的作家来说是个坏消息：他们得到的报酬更少了，这样出版社就能用更高的预付款留住畅销作家。

文化产业的Web 2.0平台也顺应了数字市场上赢家通吃的大势，从每一笔交易中（通过广告或通过直销）挣钱并利用自己处于消费者和服务提供者之间的地位，借服务提供者壮大市场实力。这场争端往往被说成是好斗的初创公司和大型企业之间的争端（尤其是空中食宿对阵连锁酒店），但历史经验表明，这些大家伙们总能找到一种方式共存。相反，更有可能受到打击的是一些小型的住宿加早餐旅店和独立酒店。而行业的新进入者——那些被承诺所欺、以为可以很容易就接触到消费者的人——可能会发现他们所依赖的平台拿走了利润的大头。

除了开源软件和开放的文化内容外，许多有关数字开放的好处的讨论，都强调它给公开辩论和新闻业所带来的变化。格伦·雷诺兹（Glenn Reynolds）有本书谈论了博客，叫《大卫的军队：市场和技术是如何赐予老百姓力量，打败大媒体、大政府和其他巨人的》（*An Army of Davids: How Markets and Technology Empower Ordinary People to Beat Big Media, Big Government, and Other Goliaths*）。报纸受到打击，以博客和社交媒体评论为形式的公民新闻变得更加突出。但同样，业余爱好者的崛起和开放的怀抱并没有使颠覆强大且根深蒂固的行业的诺言成真，也没有做到辩论的民主化。

马修·辛德曼（Matthew Hindman）的《数字民主的迷思》（*The Myth of Digital Democracy*）一书中最后有句话："在网络空间，说话可能更容易一些，但这些话被人听到却依旧很难。"该书是第一批真正收集和分析大数据、调查网上消费和生产趋势的书籍。辛德曼分析了300万个美国的政治网页，以及谷歌是如何引导其用户到政治网站的，他得出结论说：

"不同政治主题的网络社区，每一个都是由一小部分非常成功的网站所主导的"。他认为，网络集中的程度如此之高，以至于那种声称互联网将使政治更加"民主化"的说法具有误导性。例如，对于博客而言，"排名靠前的博客现在也都是美国政治评论领域阅读量最大的博客"，但这些阅读量最大的博主数量却很少（几十个而已），而且他们"大部分都是……受过良好教育的白人男性专业人士"。在政治讨论中最常被人听到的那些声音也是人们在线下媒体中可以听到的，也许程度还更甚。"总体来看，博客引发的激烈的网络辩论可能对美国民主来说是个好事。尽管许多人仍然在赞美博客的民主性，我们也必须承认，许多声音都被人所忽略。"

辛德曼关于（美国）网络媒体和传统媒体的集中度的数据让他得出这样的结论：网络媒体的集中度（一些媒体得到更多流量）要比许多线下行业特别是广播更高。最关键的是，和文化生产领域一样，"中间部分缺失了"。他写道：

> 从一开始，互联网就被人描绘为媒体界的罗宾汉——从大型出版渠道和广播渠道抢夺观众，然后交给小型机构。但数据表明，观众正朝着两个方向分化。一方面，网络空间的新闻市场似乎比平面媒体更倾向于向前 10 或前 20 集中。另一方面，最小型的网点确实赢得了相当一部分关注度……在网络世界中，中间部分的网点相对出现了萎缩。此外，败给全国性媒体的绝大多数都是小的、地方性的媒体。

辛德曼与安德森的长尾理论的区别在于比较。《长尾》一书将网络平台拿来与大型连锁店和大卖场如沃尔玛和现已解散的百视通视频、淘儿音乐城或博德斯书店进行比较，而辛德曼则将网络生态系统与范围更全面的非数字化全国性和地方性媒体进行比较。这样一来，辛德曼抓住了安德森所忽略的一个重要方面：在受"地理位置束缚"的世界里，多样性的需求总是能被多样化的机构所满足，每一个机构的规模都各不相同。在图书的世界里，连锁书店、专注于某一流派或其他流派的专业书店（特别是在大城市）、独立书店和二手书店共同提供了多种多样的图书，而在数字世界，赢家通吃的市场结构更加普遍。只关注大型连锁书店而忽略这些更小的书店，安德森的比较方式必然得出数字世界更加多样化、种类繁多的结论。

开放数据

其他运动和企业也都在数字化开放和共享理念的基础上建立起来，如学术刊物的开放存取（Open Access）出版、开源硬件和开放教育（包括大型开放式网络课程，又称慕课MOOC）。这里，我将探讨另一个开放运动，即开放政府数据，又称开放数据。

开放数据的运动与其他开放计划有许多相同之处。它把非营利性的活动如"公民黑客"与以营利为目的的公司结合起来；它倡导政府透明等公民自由理想，也主张自由市场；它声称为无权无势的人赋权，但常常把权力赋予给有权有势者。

很多人都认为公开政府数据运动的鼻祖是卡尔·马拉默德（Carl Malamud）。他竭尽全力公开公共领域的信息如各级政府制定的法律法规，还把美国证券交易委员会的EDGAR数据库连上了网。有关公开政府数据的常见论点，正是英国开放知识基金会所表达的一个观点：加强透明度

（公民需要知道他们的政府正在做什么）、发挥社会和商业价值（推动建立创新企业和服务机构）、鼓励参与和互动（响应莱斯格《混音》一书，建立一个完整的"读写"社会）。

当开放数据运动被蒂姆·奥赖利认定为他所说的"政府2.0"计划的契机时，这场运动得到了很大的推动。他说："这是一个利用网络技术向公众开放政府数据的契机。"奥赖利形容开放数据的行动是把"政府当作平台"：开放数据——便于让程序员编写软件来读取数据、分析数据和改变数据——可成为一个平台，在此基础上建立新的透明度和创新企业。

政府2.0计划在美国得到了巨大的推动，动力来自于奥巴马早期就透明度和开放政府等问题所写的备忘录以及data.gov网站的建立。英国建立了data.gov.uk并将其与卡梅伦的"大社会"计划联系起来。即使以偷偷摸摸而出名的加拿大保守党政府也启动了开放数据的计划，许多城市开放了数据传送渠道。听起来不错吧？是不错，但也有问题。

与其他开放运动一样，开放数据很大程度上是依靠普通公民和非营利组织的努力，他们要求政府更加负责。它有一种很强的公民自由的味道，讨论了公民的参与以及公民的权利（"让公民得到属于他们的数据"）、参与型社会、合作型民主、透明度等问题。在题为《开放政府》（*Open Government*）的文集中，几乎所有事例都与公民对美国政府内部运作的知情权有关：政治献金、游说数据、国会表决、立法程序、联邦政府的合同和支出、法院审理过程……它描述了非商业组织如opensecrets.org、maplight.org、followthemoney.org、govtrack.us等所做的努力，并利用这些资料来强化问责制。这都是好的——尽管这些团体的从业人员也认识到，掌握这些信息只是争夺战中的一步而已，那些想要隐藏信息的人会寻找新的方式来隐藏信息。

但是，开放数据运动还有第二个议程：它要求数据不仅要对公民开放，也要对私人公司开放。虽然开源运动有两大流派，其中一派认可通用公开许可，另一派认可更为宽松的Apache式许可，但开放数据运动一直竭力主张许可要采取商业友好的形式：开放知识基金会定义开放数据是"一切人们可以自由使用、再利用和再分配的内容、信息或数据——不存在任何法律、技术和社会的制约"。

与开放源代码和开放内容一样，开放数据也以微妙的方式影响着现有的权力结构。有一个来自于印度的著名案例。在泰米尔纳德邦州马拉卡纳姆镇附近，一个森林保护区旁边有一块存在争议的土地。档案显示，这三英亩土地属于马达利尔种姓的一个人，但居住在附近的低种姓达利特人声称这里应该是森林保护区的一部分，不属于私人所有，但马达利尔家族玩弄手段，利用自己在当地官场上的影响力来修改土地档案。达利特人还声称，旧的档案可以证实他们的说法。令此案更加复杂的是，官员说当地不同地块之间的界限往往难以界定。

发展经济学家布万尼斯瓦里·拉曼（Bhuvaneswari Raman）说，在泰米尔纳德邦政府开展计划让土地档案标准化、数字化和集中化之后，达利特人的说法遭到了批评。世界银行推进该项目，原意是想扶贫、支持政务透明，森奈周边的繁荣也为项目的实施提供了保障。土地所有权不明使得大量土地买卖费时又费钱，制约了规模化发展。作为该计划的一部分，泰米尔纳德邦政府宣布，数字化档案记录是法庭认定土地所有权的唯一证据，所以旧的记录和不太准确的数据——也就是达利特人说法的依据——就失去了根据，因而他们的要求被否决。

新一代土地开发商是伴随着数字化记录长大的。这些企业拥有资源、技术和信息，能有效地利用这一新的资源。这些开发商开展了有效的游说，要求把档案和空间坐标的数据公开，然后利用他们的优势，取代那些"依靠对当地历史和人际关系的了解来征集土地进行开发"的小开发商。公开数据的影响远远超出马拉卡纳姆的那近三英亩土地；新的总体规划被当作了"标注合法和非法空间的依据，和把穷人从他们的经济空间和居住空间驱逐走的依据"。"助贫计划"原来并不是它所说的助贫，而泰米尔纳德邦并不是唯一实施开放数据项目并让穷人的生活更加困难的政府。邻近的卡纳塔克邦的"土地电子政务项目"也产生了类似的效果：拉曼和她的同事认为，"土地档案的数字化导致了腐败的增加、贿赂的增多以及土地交易时间的大幅增加。另一层面，在班加罗尔土地市场大繁荣的时期，它便利了土地市场上的大开发商获取大量的土地。"这个故事是"中间层缺失"的又一个证据，由于数字化技术，了解本土情况的小企业被少数拥有资源和专业知识、能充分利用正规化数字集合的大企业所取代。

当开放数据的支持者们提到商业时，他们往往使用创业和创新等语言，拿新公司与他们寻求取代的老商业模式进行对比，而且他们往往把商业用途当作供公众使用的一种补充。

迈克尔·古尔施泰因（Micheal Gurstein）是社区信息学的重要代表，一直积极表达对开放数据如何"使有权者更有权力"的担忧，认为那些"能有效使用"数据的技能是对数据的补充。他引用了一份关于英国组织mySociety的TheyWorkForYou.com公开政府倡议的使用者的报告：

相对于上网人群，54 岁以上的人往往比例过大，而年龄小于 45
岁的人则比例不足。在人口结构方面，男性比例很大，有大学学位的
人的比例很大，因而来自于高收入群体的比例也很大……五分之一的
用户（21%）在过去一年里并没有积极参与政治活动。

出席了一次公开政府数据的发布会后，古尔施泰因在博客中评论说：

这种以提高民主参与度为目的的尝试到头来给那些本来就有渠道
（因为他们的收入、教育水平，以及与较高地位相关的一些传统特征
如年龄、性别等）与有影响力的政治家进行交流的人提供了新的机会。
所以说，额外的信息和额外的交流渠道强化了已有的模式，并没有扩
大参与和影响政治的群众基础。

利用信息技术促进发展，这方面的专家富山健太郎（Kentaro
Toyama）认为："在读写能力和社会资本分布不均的背景下，技术往往会
扩大不平等而不是减少不平等。"除非你已经拥有可以依靠的社交网络，
否则一个电子邮件账户是不能让你得到更多东西的。

发展学研究学者凯文·多诺万（Kevin Donovan）认为，开放数据的
努力和詹姆斯·斯科特（James Scott）的《国家的视角》（*Seeing Like a
State*）一书有相似之处。于放的标准与结构化、可机读的数据是开放数
据计划的重要内容。多诺万认为，这种规范化和标准化"要比通常所认
为的更有价值"。开放数据项目和国家一样，试图"通过简化来使社会变
成可机读的数据"。标准化数据和国家一样，"管理着众多的社区，并试
图通过标准化的方式来消除文化规范"。他写道：

以这种方式消除不可读，降低了公众的政治自主性，因为它使强大的个体更强大。斯科特认为："一个完全可读的社会消除了地方上对信息的垄断，并通过代码、身份、数据、规章和措施的整齐划一创造了一种全国性的透明度。但同时，它可能为那些高居巅峰、拥有知识、能够轻易破译新数据格式的人创造了新的位置优势。"

公开数据颠覆了那些从"社区的特点和复杂性"中获得好处的人，即那些因长期接触而了解其社区复杂性的当地居民。土地档案计划就是这样一个例子：它明确贬低了民间了解某个地方和某段历史的价值，并在法律上不予承认；在开放数据的勇敢新世界里，这种知识败给了能够有效查询"公开土地档案"的能力。更看重技术设备而不是民间知识已经成为公开数据工作的一个特点。

更令人鼓舞的是，多诺万发现了一些数据怪才是如何认识到自己在基贝拉地图（Kibera Map）项目上的短视的。该项目开始时是一个社区地图绘制项目，用来跟踪庞大的内罗毕贫民窟。有人质疑该项目的必要性，因为"当地人（早已）熟知周围的环境"。提供测绘资料更有可能使外界而非居民自己受益。

该项目试图解决的问题被多诺万称为"棘手问题——无法界定、彼此纠缠并且不愿通过技术手段来解决的问题"。不过

虽然项目开始时把一个棘手的问题（基贝拉的贫困和边缘化问题）错误判断为是一个可解决的问题（只是因为可获得的信息不够），但让人欣喜的是基贝拉地图项目后来进一步发展并超越了简化主义的方法；它还扩展并包括其他形式的活动，例如公民上报，并采取措施确

保项目的地方所有权。该项目已经从技术目标发展到一套社会目标。有趣的是，其赞助者只有非商业组织。

多诺万把基贝拉地图项目的演变与狭义的技术制图项目，如谷歌地图制作计划进行对比，后者被指责以不道德的方式"利用开放的社区"。这些项目的危险在于，消除不可读——不可读性更看重当地人的知识而不是外人的知识——可能会使原本就很强大的人得到过去他们所不知道的社区知识："像贫民窟那样观察"。

对于发展计划，多诺万的结论是：开放数据是不够的，不应该成为主要的焦点。相反，透明度必须与深思熟虑的发展联系起来：要实现社会变革就无法回避深层次权力变化的问题。

对开放数据最有价值的补充莫过于其他数据：公交时刻表在与地图结合在一起时更有价值。这种开放数据的组合使政府数据犹待商榷，正如法律学者特丽莎·斯卡萨（Teresa Scassa）和丽莎·坎贝尔（Lisa M. Campbell）所强调的，数据保护法"通常要求处于特定目的收集的数据不应该在不知情的情况下被用于其他目的"。

斯卡萨和坎贝尔发现："即使是质量相对不高的空间数据也可能会触犯数据保护法或隐私法，特别是当这些数据与其他数据匹配或结合起来的时候。"例如，她们分析了渥太华警察局的罪案制图工具，即报警求助电话地图，由渥太华警察局和一家美国公共引擎公司提供。如果保险公司根据罪案地图的数据确定保险费率，或者如果保安公司用它来找出特定地区开展市场营销活动，那么这个网站就可能违反了这些法律条款。

对开放数据的倡导者来说，他们对市场的信心有时还更进一步。不仅开放数据可以创造新的市场，而且还有相当一部分倡导开放数据运动的人明确提出，要创造新的市场来提供政府服务。政治学家乔·贝茨（Jo Bates）强调了开放政府数据程序可被用于私有化和放松管制：有目的地建立新的"公共部门信息再利用"市场，而不是提供政府服务。现在概述如下：

> 当前英国政府的"透明度议程"（得到了著名的开放数据倡导者的支持）还应被视为是一项旨在使公共服务市场化的计划，而一般的观察者并不能很容易就理解到这一点。此外，虽然议程声称追求民主，即促使"公众"通过这些措施来要求"国家"负责，但在国家和"公众"的概念之间使用二分法的做法是有问题的，因为公众的概念在公民和商业利益之间并不做区分。这样的解释促使那些被民间参与所吸引的人置身于追求利益者的怀抱，因总是怀疑国家而与国家渐行渐远。

下面的活动现在属于"开放数据"计划的一部分（也是贝茨提出的）：

> 金融业一直在进行大量的游说，希望能掌握更多的英国气象数据，这样他们就能在（气象风险管理）市场上进行竞争。莱特希尔风险网络——伦敦劳埃德集团是其成员——等团体游说政府提供更多气象资料，这样他们就能开发出基于风险的气象产品。同样，保险行业也要求提供实时信息，理由是他们可更迅速地对极端气象事件如洪水做出反应。我自己的研究和最近的消息表明，这些要求已经得到政府中那些热衷于创造一个英国气象衍生品市场的高级决策者的热情响应。

气象风险管理似乎是一个不常见的行业，但贝茨报告说，"气象风险管理市场要远远超过年估值约5亿美元的美国商业气象产品市场"，2005年至2006年高达450亿美元。

欢迎企业参与开放数据，将导致新的亚马逊和新的苹果出现，但破坏了作为该运动重要支柱的社区行动主义。在开放数据领域，一个主要的公司是帕兰提尔科技公司（Palantir Technology）。它赞助了奥赖利的政府2.0峰会，并采用了他"政府作为平台"的说法。它是美国国际开发署视频安全开放数据挑战计划的早期合作伙伴。帕兰提尔公司从中情局的风险投资部门In-Q-Tel和彼得·泰尔的创始人基金那里获得融资，而这两家公司以其对开放和平等的坚定支持而闻名。彼得·泰尔是帕兰提尔公司的董事会主席，也许他会为行事隐秘的彼尔德伯格集团实施开放数据计划，因为他就是该公司指导委员会的主席。

有人认为向开放数据的转变可颠覆某些既得利益者，但不会重新上演动物农场的一幕，这种想法虽然好，但前景并不妙。

文化经济学的一个教训是在小市场中有大量需求的原创作品可能会被大市场中边际成本几乎为零的作品所淹没。对于电视台来说，在小市场中播放廉价的美剧要比播放成本更高的本土节目更加有利可图，即便后者可以吸引更多的观众。制作人往往想依靠本国市场收回成本，所以会在其他地方打折销售。

为了在赢家通吃的市场里保证文化的多样性，小国的政府设计了一系列干预措施。这些措施包括制作补贴、广播配额、消费法规、国家所有权和竞争政策。在一般情况下，这些措施得到左翼的支持。

遗憾的是，开放数据运动要求数据的提供是无国界和统一的：靠机器处理、任何人都可得到，而且不需要许可证。它要求非歧视性许可制度，专注于标准格式，普遍坚持数据谁都可以访问，就像司法体系和丽兹酒店一样不论贫富。它坚持认为，任何政府希望采取的措施，如果仅有利于非商业用户或本地用户，就不得予以考虑。为了让开放数据变成一种公共产品，它必须伴随社会的变革。如果运动的目标是促进平等，它就必须更注重在各级政府对数据的标准、许可和选择的规定进行测试。否则，有潜在价值的公共资源将被那些具备数字技术并拥有资源、能够充分利用它的人掠夺走。

許多成功的开放运动都是按照同一个模式发展的。

运动开始时都诉诸平等的理想，所依靠的说辞是开放可以扭转与大机构如"老牌"公司或国家的力量对比。

随着开放运动的发展，聪明的资本学会了如何与它合作。有时候，聪明的资本来自于那些似乎受到威胁的企业：IBM是一家老牌软件公司，有着自己的操作系统（AIX），但也学会了接纳Linux；音乐行业学会了在YouTube的音乐视频上打广告。企业靠这些开放的公共资源成长。

大公司往往处于更好的位置，比出现在故事里的业余爱好者更能影响运动的发展。与这些公司建立起的联盟（用埃尔伯思的话来说就是"重磅产品策略"）对于开放计划来说很有诱惑力，常常伴随着语言的变化。社区愿景被开放可以为消费者提供更好的体验或更有效的生产方式的说法所取代。在开放数据的世界里，支持公民参与的论点被扔到一边，转而变成支持新的消费服务（谷歌地图和房地产的房源）；面对强大的华尔街和美国安全部门，Linux的目标"让用户更多地掌控自己计算机"退居次席。

　　网络平台也遵循相同的模式。eBay是共享经济公司的祖师爷，许多人仍然认为它是"普通人的车库拍卖会"，但是该公司用三个阶段来介绍它的历史。第一个是"普通人的车库拍卖会"阶段，第二个是谋生的专业小摊贩。这两个阶段已成为过去，因为各大品牌现在都在使用eBay。给网站带来民间以物换物意味的拍卖模式早已远去；大部分买卖的商品现在是新货而不是二手货。和共享经济公司一样，那种认为自由市场经济与社会交换相匹配的观点意味着商业上的成功和成长的雄心将吞噬使其早期充满吸引力的特色。

　　这个新的世界对我们消费者来说可能是有好处的，但它对试图通过劳动来挣钱的生产商和分销商来说是不好的，现在后者已被描绘成是阻挡进步的障碍。开放源码的程序员往往处于一个较好的空间，因为他们的开源软件新业务是可以得到报酬的，但对于记者、摄影师和电影制作人来说，他们得到的讯息是，他们不得不放弃那种劳动应该得到报酬的想法。新的世界对于Web 2.0平台的所有者来说是最好的，因为他们有充分的理由不去问自己是否已经兑现了他们曾许诺过的东西。

WHAT'S YOURS IS MINE

08   Open Wide

————————

第 8 章

开　放

硅谷深信，共享和电子商务会相得益彰。除了共享经济，还有很多例子，其中一些我们已经在第7章看到了：劳伦斯·莱斯格的"混合经济"理念依赖于业余爱好者和专业人士肩并肩的合作，常常发生在以营利为目的的平台上；社会企业（Social Enterprise）应用商业战略以最大限度地提高人类福祉和改善环境；公益企业（Benefit Corporation）如网上工艺品交易公司Etsy是"在决策过程中既考虑利润又考虑社会和环境"的公司。

社会企业家精神的相关理念利用市场使公益工作最大化。一些组织如公益市场（比尔·盖茨和梅林达·盖茨基金会旗下组织）和谷歌的慈善部门Google.org把这些想法付诸实践。

第2章所提到的史蒂芬·约翰逊的"P2P网络渐进主义者"理念强调，以营利为目的的P2P网络和不以营利为目的的P2P网络都是用来解决社会问题的框架，该理念谋求在一个大体上属于中左路线的、渐进主义的框架内把数字平台与社会以及社会公益摆在一起。

皮埃尔·奥米迪亚（Pierre Omidyar）是公开支持社会企业模式的人之一。奥米迪亚创立了共享经济的直系祖先eBay网。它瞄准了邻里间的一种活动（庭院旧货售卖），通过将其放在互联网上来扩大它的规模，取得了巨大的成功。eBay让皮埃尔·奥米迪亚成了亿万富翁，而他把这笔钱充分利用起来。他和妻子帕姆·奥米迪亚一起，创建了奥米迪亚网络，模糊了捐赠和投资之间的界限（它自称是一个慈善投资公司）、利润和社会公益之间的界限（它投资于"那些认同我们推进社会公益的理念的企业家"）。它"致力于利用市场的力量，为人们改善生活创造机会"。

虽然这些计划中许多都与成功的科技企业家有关联，但这些计划的一个共同点是都坚持创业（而不是比如说服务）才是解决社会问题的正确方法。他们认为，只要动机是纯粹的，利润和社会公益不仅可以并存，还可以彼此互补。

在硅谷以外的世界，关于市场对其他社会交往形式的影响的看法更为复杂。有两个传统可追溯到18世纪和亚当·斯密的观点。一个传统是认为市场是文明的，用亚当·斯密的话说，就是："我们期望的晚餐并非来自屠夫、酿酒师和面包师的恩惠，而是来自他们对自身利益的关切。①"另一个传统认为市场是腐败的，用另一句同样来自亚当·斯密的话说就是："同一行业的人很少聚会，即便是为了娱乐和消遣，而他们的谈话内容也总是涉及到反对公众的阴谋，或要求提高价格的计划。②"在另一个层面，一些人认为市场对社会的影响是"脆弱的"，既不特别文明，也不具有毁灭性；还有的人和奥米迪亚一样，认为市场机制能够带来人们所希望的社会和政治变革。

本章考察把利润和共享结合在一起的努力是如何在两个对共享经济特别重要的舞台——互联网和城市——上实现其目的的。

---

① 引文摘自亚当·斯密：《国富论》，唐日松等译，华夏出版社，2005，第14页。

② 引文摘自亚当·斯密：《国富论》，唐日松等译，华夏出版社，2005，第101页。

挤出效应

共享经济的交换方式应该分为两个部分。"经济"是指服务提供者和消费者之间的市场交换，但"共享"让人有一种更加个性化和感同身受的交换的感觉，就像邻里互助一样。这中间可能会涉及金钱，但交换不仅仅是为了钱，而是为了一种联系，为了社区。

第4章提到了科技评论家和硅谷企业家中常说的一件事，就是把历史分为三个阶段。先是个人交流和公民参与的时代，此后是一个大规模消费和大规模生产的异化的时代，之后在新科技的推动下公民和社区重新复苏。这是从某些对20世纪末市民参与度减退现象的著名研究中概括出来的，尤其是罗伯特·帕特南（Robert Putnam）的《独自打保龄》（*Bowling Alone*），最后常常变成一幅漫画。下面是布莱恩·切斯基的版本：

> 城市曾经差不多就是村庄，每个人基本上和企业家一样。你要么是农民，要么在城市当铁匠，要么你有某种手艺。然后工业革命发生了……（后来发生了"二战"），突然城市越来越大规模地进行生产了。我们不再信任我们的邻居。

即使在社区瓦解后，非商业活动依旧是我们日常生活不可缺少的一部分，以至于我们很容易忽视这些活动，但是我们的社区和城市仍旧依靠公民的行动运转，那些在数字时代考虑利润和共享的人可以从我们的城市和文化中学到很多东西。几年前，克莱·舍基（Clay Shirky）写道，创建维基百科花了1亿小时，不知道面对这个新发现的"认知盈余"，我们该怎么做。这个数字很可观，但像许多大数字一样，对比着看就没有那么令人印象深刻了。举一个例子，加拿大人仅在2010年就完成了21亿个小时的志愿工作，而且我们也没有理由认为加拿大人的志愿意识比其他国家更高。这个数字相当于100多万个在医院和运动队、慈善机构和艺术机构的全职工作，或20个维基百科。非商业性的共享和协作在我们的城市里仍然很普遍，很多我们称之为"文化"的工作早就将自愿共享和金钱工作结合起来了，从体育到艺术到我们日常的社会实践。

从简单的经济角度来看，金钱与其他动机是可以互换的，因此增加金钱刺激可以鼓励和扩大社会交往的想法听起来似乎顺理成章。这是一种论述的风格，而最积极采用这种论述风格的是诺贝尔经济学奖得主加里·贝克尔（Garys Becker）——20世纪最有影响力的经济学家之一。

但是在社会交换过程中，正如辛迪·劳帕所唱的，金钱改变了一切。在著名的调查报告《礼物的关系》（*The Gift Relationship*）中，理查德·蒂特马斯（Richard Titmuss）对比了美国和英国的献血制度，结论认为，美国引入货币激励的做法降低了人们献血的频率，因为"让血液市场存在的做法改变了社会对献血的理解，从'生命的馈赠'变为单纯的现金等价物"。免费献血让你觉得在做好事，而献血换钱则不是。金钱非但没有增强从事这种社会行为的动机，反而"挤出了"促使人们献血的内在动机。

蒂特马斯表示，金钱的刺激也降低了捐献血液的质量。对于出于社会公益的理由而献血的人来说，如果他们不符合献血制度的标准，他们就会很自然地不去献血。但对于为钱而献血的人来说，即便他们的血液可能对受体产生危险，他们还是可能会献血。筛查变得更为重要。

还有很多其他例子证明金钱和礼物不是等同的。约会以后送花是一种意思，但留下50美元的钞票则有别的意思。在超市排队时，给别人钱就能排在别人前头的做法是不可能成功的。花钱买选票也与民主程序格格不入。

"最后通牒博弈"（Ultimatum Game）是一种阐述公正性的文化概念的简单二人游戏，说明了为什么只要有钱涉入，异化的情况就会增强。在这个游戏中，给甲100美元，让甲拿出这笔钱中的一部分分给乙方，乙方要么接受要么放弃。分给乙方的数额取决于甲方，如果乙方接受这个方案，那么双方拿走各自部分的钱；但如果乙方拒绝该方案，这笔钱就必须还回去，双方一分钱也得不到。事实证明，乙方大多都拒绝接受钱少的方案，即便这意味着就算拿不到钱也不愿看到甲方的贪婪得逞。公平的理念使人们拒绝接受原本不错的方案（譬如说白得10美元）。

共享经济公司忽略了金钱会挤出社会交换。

优步最有名的是采取"峰时定价法"来解决供需问题。一些批评家对此表示反对，面临高车费的客户也很快表达了不满，但经济学家和优步迅速给出了解释，就像对一个笨孩子说这是供求的自然法则：

> 优步制定峰时定价法，增加车费是为了吸引更多的汽车上路，从而确保高峰时段的用车。一旦有足够多的车上路，价格就会回落到正常水平。

按照他们的辩解，优步的峰时定价法早已不是什么新鲜事物，即使是在运输行业。在许多城市，公交票价和火车票价在高峰时间里都更贵；航空公司也会根据想出手的座席来决定票价。但优步和太多的经济学却无视这场辩论的另一个事实，那就是新年前夜或上下班高峰期的峰时定价法是一回事，而暴风雪时的峰时定价法则是另一回事。

在紧急关头，我们作为一个社区要依靠大家的团结才能度过危机：我们希望大家查看邻居的情况（免费的），帮助受困的人（不收费！），全情投入、有社区意识。我们希望人们拿出自己的时间和财物分享。

在危难关头强调金钱的激励挤出了社会动机。如果我的邻居和我帮你把车推出雪堆而不计报酬：我们只是做了正确的事情，但如果我邻居拿了钱，而我是免费做，那么我就是个大傻瓜。为什么说在危难关头提高价格被称为"哄抬物价"，这是因为大的形势要求以社区为主导的响应，金钱激励只能坏事，不管它能影响多少优步汽车上路。

在危机时刻，峰时定价法可能会让更多的车上路，但那些付不起车钱的人是用不了车的。我们之所以在这样一个时候采取峰时定价，正如我们也反对泰坦尼克号海难时只有一等舱的乘客可以使用救生艇一样：在紧急情况下，人人都可以使用是一个不可动摇的要求。优步对这一点置之不理，这对一个由安·兰德的追随者所创办的公司来说并不意外。

即使优步，2014年悉尼中央商务区的人质危机后也不得不退让了。那场危机造成3人死亡。在危机早期的混乱中，人们纷纷逃离城市的中心，而优步则把价格上调了4倍，一度最低车费被定在100美元。最初，公司在推特上坚守自己的政策，解释说"票价上调是为了鼓励更多的司机上线，到该地区接客人"，后来优步在面对批评声浪后改变了政策。直到悉尼居民强烈的不满促使公司道歉，优步一直不明白为什么经济学最基本的供需逻辑在遭遇公民危机时不合适。

暴风雪是另一个社区危机的例子。2014至2015年冬季，优步的车费有时激增到正常价格的七八倍。在美国，纽约和华盛顿告诉优步，其行为违反了禁止哄抬价格的法律，于是优步同意遇到紧急事件时会限制在全美的峰时价格。优步完全没有考虑共享和社区。它坚持所有交换活动都不过是市场交易，这是一种意识形态的缺陷；它体现了共享经济应用程序和算法背后所隐藏的政治议程，我们不应再轻信他们关于自己是负责任的自律者的说法。政府的强硬姿态成功改变了公司的行为。这一事实提醒我们，共享经济的发展模式没有什么是必然的。

城市里的公地

大卫·哈维（David Harvey）在他的《叛逆的城市》（*Rebel Cities*）一书中一次都没有提到过数字技术，但他的分析充满了对共享经济的反思。

哈维写到了公地在城市中的作用。在他那里，"公地"这个词是从日常意义上说的，是指所有以共享或公用的方式所持有的东西，因而不属于私人财产的范畴，这个定义要比一些学者所采用的技术性定义更宽泛一些。城市公园是一种公地，而在数字世界，组成开源项目的代码也是一种公地。作为一个马克思主义者，哈维采用了辩证的角度看问题：公地本身没有好坏之分，但"公地的问题是矛盾的，因此总是存在争议。争论的背后是相互冲突的社会和政治利益"。这些相互冲突的利益从硅谷的角度来说常常被忽视或被假设不存在，因为他们认为市场和社会公益是联系在一起的；但在文化领域，相互冲突的利益才是问题的核心，不论是在网上还是在网下。

共享经济吸引了很多对国家的集中化官僚体制、对无处不在的商业化失望的人，他们在寻找一种替代的组织合作模式——民主和集体生活的新模式。建立在共享行为基础上的公地概念提供了一个诱人的前景，即非专制模式的合作。

但是，以可持续的方式来管理公地被证明是一件很难的事，特别是那些大规模的公地。这也是为什么很多公地被废弃、被合法或非法地改为被当作大宗商品来管理的私人资源（农业圈地、碳排放许可、可交易捕捞配额），或改为由中央当局管理的公共资源（道路、公共卫生）。尽管如此，城市公地（在城市旦）和数字公地（在网上）是新生产模式和协作模式不断上演的空间：是希望和炒作的无尽源泉。

公地和社区是交织在一起的。不可能有哪个公地没有社区来照管，也没有哪个社区没有可以管理的公地。换言之，公地就是社区建立的基础。有很多种方法可以保证公地的健康，埃莉诺·奥斯特罗姆（Elinor Ostrom）因公地管理的开创性研究而获得了诺贝尔奖，他建立了一个针对不同制度和做法演进变化的分析框架。但是，从定义上说，照管公地的做法是集体性质的而不是私人的，是共享的而不是商品化的：它是私有财产和市场交易的禁地。奥斯特罗姆在诺贝尔奖上演讲的题目是《超越市场与国家》。

我们大多数人都熟悉环境上的公地：清洁空气、淡水、寂静或鱼类资源——集体所有的稀缺资源。许多文化领域也是公地，但略有不同：环境公地必须小心管理和保护，而文化公地则不会因为使用而消耗殆尽，它们是"非竞争性的"，至少在一定程度上是：我听歌不会干扰你听歌，消费并不会"耗尽"资源。通常情况下，文化公地所面临的挑战是确保足够的生产水平或社会参与度，而不必担心过度消费。

我们的城市到处是这样的文化公地，它们归公众所有、由公众参与，包括公园、人行道、街景、社区体育场地和商业促进区域。其他的例子虽然更模糊但同样重要：曼哈顿的能量、罗马的"咖啡文化"、巴塞罗那的加泰罗尼亚历史和独特的建筑环境、冷战后柏林的独特象征意义、解放广场在2011年埃及民众起义中或者纽约的祖科蒂公园在2012年占领华尔街运动中的中心角色。

城市是各类、各阶层人士混合生活的处所。社会化、集体化的文化生产让城市成为城市：哈维引用哈特（Hardt）和奈格里（Negri）的话说："都市（是）生产公地的工厂。"

商业文化产业在经济中发挥着越来越重要的角色："从事文化活动和文化生产的劳动者在过去的几十年间大幅增加"。但文化不同于衬衫和鞋子等商品，因为商业只是文化的冰山一角。在水面以下，大量的文化活动是非商业的公地：我们作为业余爱好者参加文化活动是为了娱乐、个人成长、对共同目标的信仰，或是出于其他内在动机。社区体育项目、艺术和创意计划的健康发展很大程度上是受非商业活动和内在动机的推动的。商业从来没有完全消失——人们靠教音乐课、卖书等赚钱——但只有那些在吃水线以上的活动才是商业的，我们谈论"文化产业"、文化市场，称体育运动队和电影作品为"特许经营"。

很多文化活动已扎根于互联网平台和开源项目，也具有类似的冰山结构：很多人为了娱乐而参与，一些人用来谋生，还有一些人挣了钱。作为社区基础的公地是互联网格局中最戏剧化的特点之一。例子包括Webkit浏览器的源代码；Python编程语言的句法；维基百科的内容；开放街道地图的地理数据；构成评价系统的评级和评论；亚马逊、GoodReads

（在线读书俱乐部）和LibraryThing（图书偏目网站）上的书评和评分；为Ravelry编织社区的贡献；2+2（在线扑克游戏）、reddit、4chan、Something Awful和GardenWeb的消息组；问答网站如Stack Overflow、Server Fault和Quora的问题、答案和反馈意见。

给文化和计算机技术贴上"公地"的标签并能不完整地描述它们：对于公地来说，使用范围、所有权和管理的种类繁多。仔细分析，公地包含了大量活动，无法归纳总结。下面简要介绍一下。

相对于容易消耗的资源公地，文化公地常常是开放的，这是因为使用并不会消耗文化公地，但是并不是所有的文化公地都是开放的。维基百科和时代广场可能面向所有人开放，但能够进入Angie's List（付费点评网站）、Ravelry（织品社交网站）和社区花园的，则仅限于照管这些公地的人。在Stack Overflow，谁都可以阅读答案，但是你只有成为会员才能提问，还有一套取决于你的贡献级别的复杂权限：你贡献得越多，你在网站上可做的事就越多。市中心的街道向所有人开放，但基础设施是政府的责任，但商店橱窗是店主私人的责任，气氛是公民行为的结果，商业协会对区域的标准和通常做法有特别的关注和决定权。

多样性表明公地是复杂的，也可能很脆弱。虽然维基百科和Linux的开放性是共享经济的起源神话，但随着时间的推移，这些公地的内部管理已经越来越复杂，表现为正规流程以及责任和影响力等级数的稳步增加。维基百科根据一套复杂的保护性政策对有争议的页面进行锁定，而修改Linux内核代码现在也必须通过一级级提交者和维护者的批准才能通过。

并非所有公共场所都是公地。哈维写道："城市公共物品和空间一直是国家权力部门和公共管理部门的事情：清洁、公共卫生、教育、铺好的道路"，但这个分界线是可以变化的。一些空间（如解放广场）在危机时刻从公共空间转化为公地（由占领者集体所有）："社会行动将其转化为革命运动的公地"。当一些空间变成必不可少的服务机构，或者全民使用成了优先考虑的问题时，这些空间则由公地转化为公共空间；例如，在许多社区，教育和福利曾经是由教会提供的。

有些公地——如劳动者所有的和购买者所有的合作社——是由照管公地的社区所拥有的，但许多文化公地没有一个明确的所有者。许多 **Web 2.0** 数字公地的一个显著特点是，它们是由社区管理的，但最终被一个实体所拥有：到到网（TripAdvisor）的价值可能在于用户提供的内容，但到到网本身则是由其股东和投资者所拥有的。

对于管理公地的制度和做法，人们在不断进行实验。有些机构是非正式的（行为准则，由社区自己实施的），而另一些则更正式一些（民选议会、任命官员等）。

由于存在非商品化和共享性，人们很容易将公地与平等主义以及激进的理想联系起来。对于很多人来说，对开放的文化公地的信仰是与他们的政治信仰相关联的。但是这种"平等=公地"的公式过于简单：自由论者认为公地是用来替代国家管理的，正如社会党人和自由党人认为公地是用来替代市场的。哈维写道，对于封闭式社区来说，"超级富豪和其他人一样，坚定不移地捍卫他们的居住公地。"一家有名望的保守派高尔夫俱乐部可能是由其会员所拥有的公地，律师事务所和工人合作社的工作场所都是集体所有的。

公地和资本

照管公地本质上是集体的和非商品化的，但"尽管公地本身不是一种商品，但公地仍然能被拿来交易，特别是当公地不能被封闭起来时"。让我们回顾第3章，我在罗马的经验，特拉斯提弗列区的氛围就是一种公地——是生活和工作在该地区的公民的共有产品，建筑物也是他们所继承和维护的。许多居民借公地来交易，吸引游客到餐厅和礼品店消费。

人们通常不希望公地完全不涉及金钱。"借公地来交易"所带来的财富可能往往是维持社区以及社区公地的一个支柱。如果没有从游客那里挣来的钱，特拉斯提弗列区就很难维持其特色，社区的成员通常有助于维持公地的价值，同时借公地来交易，从而获利，并试图控制从中挣钱的方式。与来自另一个领域的例子一样，文学圈子也是靠作者和读者、出版商和书商、评论家和编辑、代理商和分销商的复杂生态系统来维持的——其中很多人从作品中挣钱，同时也为公地贡献力量。

文化产品经济学的一个怪异之处是文化产品既是独一无二的（一本小说无法完全取代其他小说），又是商品（存在一个"书的市场"）。还有从垄断商品（垄断租金）中拎来的钱：文化商品越独特，吸引到的资本就越多。畅销书能为作者和出版商赚钱是因为它们没有现成的替代品。

在"借公地来交易"的核心，存在一种争夺。社会在创造一个健康的公地时越成功——即创造出的东西越独特、越与众不同——公地就越能吸引到资本，而这些资本会力图把公地变成可以买卖的商品。

成功的公地是远离市场的产物，但却不断被拉向市场。认为那些不赞成商业的人应该全身心地接受公地——例如"开源"是对专利软件的一种反文化回应——是又一个我们已经发现虽然很吸引人但又过于简单的想法。同样，共享经济认为公地和商业能天然结合，这一想法也过于简单和自私：公地和资本之间充满了矛盾。

具体而言，公地和商业之间存在三对矛盾：异化、侵蚀和扭曲。

异化

异化（alienation）类似于上面所讨论的社会动机的"挤出效应"。当一些贡献者得到报酬而其他贡献者没有得到时，或者当一块被私人拥有的公地的所有者认为公地是创收来源时，或者当文化生产者的创造力和承诺被非法占有时，异化就出现了。

哪怕规模很小，潜在的利益冲突也是存在的。提供空间让音乐家演奏以换取金钱的场地所有者既在照管音乐的公地又在从中赚钱。这种双重属性在文化社区中，在音乐家、酒吧老板和赞助人之间，存在着持久的张力。

即使一块公地不会直接因使用而减少，它仍然会因为资本从中挣了太多的钱而受到威胁，因为社会越来越感觉他们所服务的是一个不值得被服务的实体，可能会拒绝为照看公地而劳动。

下面有一个共享经济的例子。Couchsurfing是一个针对旅行者和招待旅行者的人的网站。它在空中食宿之前首创了利用互联网来组织休闲旅游的业务。它让你"在每一个国家都能住在当地人家中。像当地人一样旅行，住在别人家，体验金钱无法买到的体验。"在成立之初，Couchsurfing是一个非营利组织，强调建立一个青年背包客的社区，但在

2011年8月，Couchsurfing重组后变成了一个以营利为目的的公司，并从奥米迪亚网络和其他人那里得到了760万美元。此举导致许多不仅为社区做过贡献、甚至帮助编写该网站的运行软件的成员的疏离。

在其市场估值不断壮大时，Couchsurfing的社区特色已经每况愈下。作为一个非营利的组织，Couchsurfing的聚会包括了"艺术交流会、篝火晚会、每周一次的酒吧聚会、咖啡厅聚会和聚餐"，陌生人之间的聚会非常安全，这一点在克莱·舍基的《认知盈余》（*Cognitive Surplus*）中有特别的提及。但Couchsurfing的健康发展不是其科技的结果，它是地方成员社区的结果。正如一个网友在Quora上评论写道："老Couchsurfing虽然管理结构非常松散，资金也不足，但仍能蓬勃发展。这恰恰是因为世界各地的志愿者认为他们是一个伟大事业的一部分，而不是为了利润。当地的集体意识高度依赖于当地社区……新系统的技术架构的确好多了，但自相矛盾的是'专业'的产品开发过程修好了那些我们有意破坏的东西。换句话说，Couchsurfing变革了某些虽然怪异且低效但实际上对平台至关重要的进程。"

Couchsurfing社区成员的异化很明显，组织的公地特征已遭到破坏。正如公地倡导者大卫·包利矣（David Bollier）所写的，变化反映了随着商业代替共享，一种伦理也正在排挤另一种伦理：

> 自从公司化以后，网站的文化伦理和氛围就发生了变化。只要风险投资者开始涉足，这就是不可避免的，因为风险投资大都希望投资能带来一些实打实的回报。而这就需要广告、跨品牌的促销活动、与各旅游公司达成折扣交易等等。换言之就是新的伦理、含蓄的新人际

关系、市场认同的意识。然而，Couchsurfing 成员所珍视的恰恰就是它没有那些熟悉的营销手段和市场关系。

把 Couchsurfing 的故事拿来与一个坚决走非营利路线的令人尊敬的组织来对比。成立 100 多年的青年旅社组织在世界各地仍然很有号召力。国际青年旅社目前每年通过 80 多个国家的 4000 多家旅社招待 3500 万人住宿。人们的确靠旅社的公地来赚钱——有些人在青年旅社组织工作，有些人靠经营旅社来收取报酬——但他们挣来的钱被看成是符合照管公地的目标的：风险投资家突然注入数百万美元的资金则完全是不同量级的。

Couchsurfing 绝非独一无二。第 5 章介绍了 Zipcar 公司在扩大商业力度后也未能保持社区的感觉，Lyft 的关注社区模式也因为它试图用物质刺激的方式来招募司机、募集风险资本与优步竞争而崩溃了。成功的音乐和文化节通常在头一两年是另类和酷的，随后音乐节创造的垄断租金则变得与社区精神格格不入，企业趁虚而入。反主流文化运动通常维持的时间都不长，随后就被主流商业所吞并。在评估非商业活动的成绩时，最好想想它有什么精彩时刻而不是它组织了什么运动。

其他大型在线社区也都遭遇过类似的美元冲击。读书社区网站 GoodReads 的所有者 2013 年将网站出售给亚马逊，引发其读者群的不满，因为正是这些读者共同创造了该网站所拥有的价值。几个星期后，学术参考管理网站 Mendeley 把自己卖给了爱思唯尔，惹来了用户群的愤怒：Mendeley 嘴上说的开放和社区与把自己卖给一家以处处抵制免费使用期刊而著称的公司的做法形成了极大的反差，让有些人受不了。它们绝非第一个这样做的。早期的合作网站，如 IMDB（出售给了亚马逊）和音乐

CD曲目数据库CDDB（现在被索尼公司收购）一度被当做是公地，然后为了牟利而被出售，这让他们的许多用户疏离。

新的一波又一波资本必须重新规划商业和非商业格局，颠覆那些目前依靠公地来赚钱的人。谋求获得公地价值的入侵者强调现有体系中的矛盾，将资金规模小刻画为低效的源头和反对进步的卢德分子（Luddite）。

高科技迷把书商和出版社称为是"看门人"和"在位者"，把他们描绘成是文学公地上的寄生虫，剥削作家和读者并从中牟利，还控制着市场的准入。那些想从新的音乐分销模式中赚钱的人则把现有的食利者描绘成恐龙般的奸商。但是，最好的书商和出版商既是守护者又是看门人，既是公地使用者又是垄断者。新的资本不仅仅是作者和读者的朋友，它还有自己的商业议程。正如克莱·舍基写道："体制将力图维持问题，因为它们可以给出解决方案"，但必然结果是"新的体制会努力制造新的问题，而它恰好是解决方案。"

就知识产权和文化生产——例如围绕盗版网站或唱片公司的合法性问题——展开辩论的双方承认资本和公地之间的冲突，但都把对手描绘成抢钱者，都谈到了社区，迎合公地的健康发展。文化生产的确是有所"图"的，但从来不是"图"钱：这个台词就要求双方都必须避谈自己的商业动机。

在文化公地的辩论中，好莱坞突然发现自己很重视那些地位低的摄像师和技术人员的工作；软件平台呼吁开放，但对于它们自身的商业动机都缄默不语（例如广告收入）。共享经济公司网站的例子比比皆是："沙发客与他们所遇到的人分享自己的生活，促进文化交流和相互尊重"；"我们的社区是由用户组成的，渴望通过共享空间来探索和丰富这个世界。

我们诚邀你加入这场运动，成为我们故事的一部分"（空中食宿）；"欢迎来到TaskRabbit社区，一个致力于让人们能够做自己喜欢的事情的市场"。对于Zipcar的业主来说，公司"不只是关心共享汽车的概念，还关心使之成为现实的人：努力工作的小组、有信仰的会员、为未来做出清醒决定的组织"。他们可能认为这不关钱的事，但他们并不介意在出价合适的时候卖给阿维斯，尽管这样做使得他们如此深情地谈论的社区异化。

在发展中国家，小额信贷是向穷人提供小额贷款的做法，因为除了从那些收取高额利息的高利贷那里，这些缺少抵押物的穷人是无法得到贷款的。于是出现了重要人物穆罕默德·尤努斯（Mohammed Yunus），他在1976年创立了格莱珉银行（乡村银行）。格莱珉银行率先推出一种针对团体的贷款：贷款给小团体——主要是妇女团体。尤努斯发现还贷率很高，因为团体内的同侪压力（peer pressure）确保了成员坚守还款的承诺。

格莱珉银行的成功使穆罕默德·尤努斯得到了诺贝尔和平奖，并引发了人们对小额信贷的广泛兴趣。2006年，在小额信贷领域，"纯粹做好事的人和有经济头脑的做好事的人"之间爆发了一场争论，特别是在穆罕默德·尤努斯和皮埃尔·奥米迪亚（Pierre Omidya）之间。格莱珉银行是一个非营利机构，而不是一家上市公司：它是由借款人自己拥有的，这样利润就会返还给借款人。而奥米迪亚有其他的想法：

> 尤努斯被奥米迪亚和其他许多人看作是原始的创始人，太执着于

自己独到的眼光。近年来，更年轻、更灵活的银行在开展小额信贷时——他们喜欢用这个词——倾向于建立一个完全商业化的营利部门。这种冲突——纯粹做好事的人和有经济头脑的做好事的人之间的冲突——已经成为小额信贷领域当前的争论所在。

几年后，为小额信贷机构工作了数年的休·辛克莱尔在他的《小额信贷狂热分子的自白书》一书中令人信服地描述了他对行业发展状况的失望和愤怒。辛克莱尔声称，由于资金涌入小额信贷机构，它们变得像它们所取代的高利贷一样。

书中的核心是尼日利亚小额信贷机构脱离贫困组织（LAPO）。它收取欺骗性的高额利息，审计却由CEO的兄弟来做，还把钱送进许多富人口袋中。脱离贫困组织多年来一直是P2P网贷公司Kiva的主要合作伙伴，直到2010年与Kiva断绝了关系。这个情节凸显了一个令观察家们感到担忧的事实：P2P网贷并不真的是人对人的，Kiva就与金融中介合作，这些中介的贷款不像许多人认为的那样是免息的。

随着规模的增长，小额信贷也产生了一个相互作用的业务网络。小额信贷基金投资于这些小额信贷机构，而小额信贷机构又由小额信贷评级机构评级，通过其他合作伙伴放贷。委托代理问题变得非常普遍，在没有监管架构的情况下，辛克莱尔认为，随处都有的激励不仅造成了腐败，还促使参与者掩盖腐败——试图悄悄解决这些问题而不威胁整个行业的声誉。辛克莱尔说，利用慈善机构并把它变成银行是积累资产然后利用这些资产的好方法。

奥米迪亚的网络是把小额贷款转变为一个以市场为导向的行业的幕

后推手。更具体地说，奥米迪亚是小额信贷公司Unitus的主要捐助者，后者在2010年卷入一场丑闻，涉事者是印度的SKS小额信贷公司——一家由世界经济论坛全球青年领袖奖得主维克拉姆·阿库拉（Vikram Akula）建立的"社会企业"。2010年SKS公司上市并通过IPO募集了3.50亿美元，此事引发了争议，随后Unitus退出了小额信贷领域。"在慈善界，人们质疑Unitus董事会成员的动机，因为其中至少有四人已投资SKS小额信贷公司并从IPO中获利。"2012年，更多的争议接踵而至。有消息披露说：

> 根据印度南部安得拉邦政府编纂的媒体报告，200多名债务缠身的贫穷居民在2010年年底自杀。该邦指责小额信贷公司——提供用于脱贫的小额贷款——助长了疯狂借债，后来又给借款人施压，迫使一些人了结了自己的性命。

这些公司——包括行业领导者SKS小额信贷公司——都予以否认。不过，美联社获得的内部文件以及对十几名现任和前任员工的采访，还有独立研究人员和死者家属的录像证词显示，SKS的高管掌握着与一些自杀案有关的官员的信息。

辛克莱尔的结论是："坦率地说，我认为控制这些组织的唯一手段是正式的规范。"他还指出，奥米迪亚网络目前强调的"社会影响力投资"也有类似的问题。"我不相信脱贫有什么灵丹妙药——这是艰苦的工作，需要大量的工具，而且使用这些工具要明智和协同。"由于共享和商业在目标上存在冲突，利用市场扩大社会行动的规模可能会破坏那些一开始让它如此特别的东西。

小额信贷在慈善与商业的边界上开展。GlobalGiving——奥米迪亚资助的一家网络服务公司，关注如何让国际慈善事业更加高效和有影响力——的创始人也体会到这个边界有多么令人不适，他在最近的一本书中进行了描述。GlobalGiving提出利用技术和资金来扩大慈善捐赠的规模，正如奥米迪亚决心利用资本和商业来扩大小额信贷一样。由于相信奥米迪亚关于"以市场为本的手段能促进经济和社会的变革"的设想，GlobalGiving采取了一种"混合模式"，通过一家平行公司（ManyFutures）提供技术平台，支持它的慈善工作。但ManyFutures从来就不挣钱，所以资金最后从GlobalGiving转移到了ManyFutures，而不是反过来。争议接踵而至。和小额信贷一样，资本和共享天然互补的诱人想法是错的。

侵蚀

除了异化以外，资本还可能会侵蚀社区所利用的公地。异化是因为照管公地或建立社区的人之间动机有冲突；但有时，资本的行为也侵蚀了公地本身。

当那些靠公地来挣钱的人与那些照看公地的人之间的利益不匹配的时候，就会出现矛盾。文化公地未必是像鱼一样可以被耗尽的稀缺资源，但仍会为某些商业活动所消减。

高档化就是一个例子。哈维写道：

> 一个致力于保持周边地区种族多样性、防止社区高档化的社区组织可能会突然发现，随着房地产经纪人向有钱人推销本社区多文化、有活力、多样性的"特点"，社区的房产价值（以及房产税）正在上涨。

等到市场完成了对社区的破坏之后，不仅原来的居民被剥夺了他们所创造的公地（常常因房租和房产税的上涨而被迫离开），公地本身的价值也会下降，变得面目全非。

资本既要求独特性也要求同质化。全球资本要想从一个城市的独特性中赚钱，就必须能够将这座城市纳入到其全球业务中。连锁酒店必须能够修建自己的（最好是标准化的）酒店；包机公司需要机场；营销部门需要全世界都认可的寓意。一个城市越独特，将其纳入到全球旅游业和全球贸易的同质化模板的难度就越大。巴塞罗那从欧洲城市中脱颖而出"的部分原因是其象征资本（symbolic capital）的稳步积累和识别标记的增加"，从它的建筑遗产到它的加泰罗尼亚历史。这些独特的品质对于旅游行业来说是租金的来源，随后会带来同质的商品化，以至于"水岸开发的后期阶段看起来和西方国家的其他地方没有两样：令人麻木的交通拥堵导致城市被迫让林荫大道横穿旧城地区，跨国商店取代了当地的商店……巴塞罗那失去了一些它的识别标记。"

随着其最大市场（也是世界主要旅游目的地）的高档化，空中食宿也侵蚀着公地。哈维对酒店发表的评论也适用于空中食宿：随着居民被越来越多的租赁公寓赶出家园，巴塞罗那失去了它的识别标记。公司代表房东缴纳税款，但拒绝向市政府提供房东的名字和地址，这就使民主选举产生的政府几乎不可能控制旅游业对城市最有价值的社区造成的影响。空中食宿还要求同质化：它在34,000个城市里开展经营，对规定的不一致大为光火。但每个城市都是不同的，规定的不一致或者说规定的多样性是一个特色，而不是一个错误。

　　城市规划专家简·雅各布斯（Jane Jacobs）一直为思考公地在我们日常生活中的价值提供着丰富的素材，但一些科技组织如美国代码（Code for America）试图将雅各布斯的理念与软件结合起来，"通过科技和公共服务来改变城市的运行方式"，但该工作遭遇矛盾。他们力图将各个城市的独特性强行纳入到标准化的框架内，从而编写在许多城市都可运行的程序。以放之四海而皆准的办法来解决自下而上的城市创新问题，这种想法是有缺陷的，因为每一个在许多城市成功实施的程序侵蚀着让城市变得独特的因素。除此之外，"公民初创公司"号称与其他营利企业多少有些不同，忽视了共享和赚钱之间相互冲突的需求，导致公民公地被侵蚀。

　　公地具有递归①（recursive）的特性。集体管理要求信任和声誉的维护，但信任本身是一个共有的资源，需要呵护，所以非正式的管理制度本身就是公地（因而有"自我组织"的说法）。公地可能被公地所管理。正如一个公地资源是以非商业的形式共享出来的一样，监管和执行社区规范的任务也是以非商业的形式共享出来的，共享的人是那些关心公地健康的人。

　　共享经济公司使用信誉系统软件来管理作为公地的"市场信誉"。由于有评估和打分，信誉系统本身成了宝贵的公共资源。空中食宿上个人给房东的评分有助于以非商业的集体方式来照管有关住宿标准的有价值信息。与其他所有公地一样，以市场为导向的动机是公正的评分所不齿的。如果房东花钱让你给予很高的评价，便侵蚀了信誉系统的价值。一

---

① 函数在其定义或说明中直接或间接调用自身的一种方法，通常用于编程中。

个被操纵的信誉系统破坏了整个网站的价值，还有房东和客人的社区。

扭曲

随着资本被吸引到一个成功的公地上，公地本身的性质也成为争议的焦点。哈维以改造利物浦有历史意义的码头区一事为例："在利物浦艾伯特码头的重建工作中，最初消除了所有与奴隶贸易有关的印记，引发了被排斥的加勒比人的群体抗议"。德国统一后围绕柏林重建的争议也存在类似的排斥和接纳，对立的阵营试图塑造城市的文化和内涵。"土耳其人群体中有许多人是在柏林出生的，遭受过许多侮辱，也基本上被赶出市中心。他们对柏林做出的贡献被忽略。"另一个争议是"跨国公司（大多反对当地的建筑师）所带来的国际现代主义建筑师的作品，它们控制了波茨坦广场。"柏林人被夹在全球化美学（"柏林墙的迪士尼化"）与"狭隘民族主义"之间左右为难，还可能遭到"外国人和移民的狠心拒绝"。资本要想追逐至关重要的垄断租金，就"必须涉足于文化战争"，"在文化、历史、传统、美学和意象等领域实施干预"。

开放数据是一块被扭曲的数字公地。奥米迪亚网络在国际上借助 Code for America，深度参与了开放政府伙伴关系（Open Government Partnership）计划，还是英国开放数据研究所的第一个主要投资者。在自诩为"新型公共服务机构"的 Code for America，奥米迪亚资助了加速器公司旗下一个为初创公司投资的部门，一并增强了"服务"理念和与之矛盾的"创业"理念，模糊了想靠政府合同挣钱的人与想为公民空间出力的人之间的界限。如第7章所述，开放数据计划已被主要的资本所把持：大型会议得到了大型软件公司的赞助。开放数据曾经专注于发布数据供民众使用，为政府的透明化做出贡献，现在却把公民的资源拱手送给数据中间商和保险公司，用来优化它们的商业模式。

2012年，靠许多激进组织在网站上发起请愿运动而名声大噪的请愿网站Change.org紧随Couchsurfing，成为又一个以营利为目的的".org"网站——这一对其本质的标记有误导人的嫌疑。Change.org改变了它的性质，从一个很激进的非营利组织变成了营利性公司。2013年5月，它从奥米迪亚网络那里获得了风险投资，组织的性质因此发生了变化。Change.org开始接受"企业广告、共和党筹资活动、伪草根营销活动、反堕胎或反工会广告，以及其他有争议的赞助。"《这个时代》（*In These Time*）一书的作者林赛·贝叶斯滕（Lindsay Beyerstein）和《赫芬顿邮报》的瑞安·格林姆（Ryan Grim）对组织使命的变化有所描述。奥米迪亚和Change.org的新闻稿使用的是社会企业家的标准语言：貌似鼓舞人心但空洞无物。每一个挑战只是问题，不是冲突。

拉特雷说："社会企业可以发挥积极的作用来解决世界上某些最麻烦的问题。这笔资金将帮助我们继续在国际上扩充我们的捐赠基金，同时创造有可能带来颠覆性社会影响的新产品。"

作为扭曲公地的最后一个例子，看一看网贷公司Lending Club。这家成立于2007年的公司是一波创新企业的领导者，蕾切尔·博茨曼满怀激情地对它进行了介绍：

> 新一代P2P、众筹式融资、借贷、货币和投资服务公司将使金融、
> 货币和银行业权力分散，走向民主化……这是我非常感兴趣的一个话

题。我们如何才能使银行业重新成为一个可信的社会支柱？我们如何能创造一种让实实在在的好处回流给个人而不是大型金融机构的货币系统？我们怎样才能为弱势社区创造融资的渠道？

Lending Club的模型采取了小额信贷、社会驱动型投资的理念并将之应用于个人贷款。《经济学人》是这样描述它的：

> 好事者将P2P网贷公司与"共享经济"的其他开拓者进行了对比。和汽车业的优步以及住宿业的空中食宿一样，新来者提供了一种它们本身无法提供的商品——金钱。与借贷双方通过银行做中介不同，双方直接交易。平台负责信用评分并从交易费而不是存贷款利差中创收。

和其他共享经济领域一样，Lending Club图谋的既有人心也有钱包。《纽约时报》是这样描述"利他主义和收益"的：

> 通过把银行排除在整个过程之外，借款人在申请信用卡或无担保贷款时所支付的利率更低，贷款人获得的收益比把钱存在储蓄账户或存款证时更高——平均高接近10%。

和其他共享经济领域一样，P2P网贷正在蓬勃发展。《经济学人》接着说：

> 该行业增长迅速：五大消费借贷平台——旧金山的Lending Club、Prosper和SoFi，伦敦的Zopa和RateSetter——迄今已发放了将近100万笔贷款，每年的贷款总额超过100亿美元，而且还在增长……这些贷款相比美国3万亿美元的消费信贷还不值一提。但该行业的贷款额每

9个月就会翻一番，几乎每个人都希望它继续快速增长。

如果所有这一切听起来好得让人不敢相信，那是因为它确实是这样的。通过批准贷款申请人的资格，Lending Club为放贷者管理着一个公共资源。一旦人们清楚Lending Club是借款人的一个潜在来源，大型金融机构也会认识到可以对这个公共资源的优势加以利用。对冲基金是第一批瞄准机会的机构，现在"大金融公司而不是中小投资者成为这两个平台（Lending Club及其竞争对手Prosper）的主要放贷者。"P2P网贷基本上是"碎片化的"，所以要把一些小的放贷者的资金合在一起才能发放一笔贷款。但到2015年3月，"两个平台（Prosper和Lending Club）总共30多亿美元的贷款中，有65%来自于直接拿下整笔贷款的投资者，几乎都是机构投资者而不是个人。"

Lending Club的演变类似于第7章讨论过的eBay。以个人交易市场起家的eBay已经变成大型连锁店获得客户的另一种方式。两家公司都采取了一鸣惊人的策略，牺牲了原有的模型，转而与大机构合作。

高调的合作关系——如Lending Club 2015年4月与花旗集团合作，取得1.5亿美元的贷款——凸显了所谓的"颠覆者"渐渐意识到了体制内的逍遥自在，绕开银行系统的承诺又是如何彻底演变成为银行系统的一个分支的。P2P网贷市场已经把自己改造成"传统银行的贷款发放人和承销商"，把金融"民主化"的理念远远抛在脑后。近日，P2P网贷公司已经更名为"市场贷款"公司。

现在，大机构不仅占到贷款的绝大部分，还把持着最好的贷款。当投资是由电脑完成的时候，那些拥有最好电脑的人自然拿到了最好的贷款，因此大机构获得了精华，把剩下的糟粕留给Lending Club原来的个人投资者。

一些华尔街的大腕也以董事会成员和投资者的身份加入市场贷款公司，投资银行也参与了争夺2014年12月Lending Club的IPO。

当P2P网贷支持者乔纳森·麦克米兰（Jonathan McMillan）出席2015年的业内大会时，他发现："联络借款人和放贷者的最初想法已被放弃。现在，对冲基金、资产经理和银行在逐利的过程中正利用市场贷款公司作为贷款的供应者……资产经理已经开始把市场贷款证券化，转变为资产支持证券，对冲基金利用大量借来的钱撬动他们的投资。一些投资者已经在谈论要为市场贷款创造信用违约掉期产品了。"

异化、侵蚀和扭曲的问题都是随着规模的增长而凸显出来的。共享经济的倡导者谋求重新实现平等、可持续性和社会公益，但要想做到这一点，他们就必须抛弃一个有诱惑力的想法：在风险资本和自由市场的帮助下，科技可以改进社会。资本的介入非但没有扩大共享，还只会导致承诺无法兑现。

WHAT'S YOURS IS MINE

09   What's Yours Is Mine

第 9 章

你的就是我的

在短短几年里，共享经济已经从"我的就是你的"的慷慨变成了"你的就是我的"的自私，而"共享经济"这个词语所传递出的非商业的价值观已被抛在脑后，或是演变成为一场场公关秀。

促使我写这部书的主要动力是我有一种遭到背叛的感觉：起初共享经济呼唤的是社区、人与人的交往、可持续性和共享，现在它却成为亿万富翁、华尔街大鳄和风险投资家的游戏场，这些人的自由市场价值观进一步渗透进我们的个人生活。给一个被企业所主宰的世界带来更多个性化选择的承诺反而推动着一种更残酷的资本主义向前发展——放松管制、新型的特权消费主义以及工作不稳定的新世界。他们多次谈到民主化和网络，但实际做的却是把风险（由服务提供者和顾客来承担）和收益分开，收益慢慢积累，最后归于平台的所有者。尽管他们声称"使用权大于所有权"和过剩产能的再利用等理念体现了生态的可持续性，但按需服务行业鼓励的却是一种新的特权消费形式——"把生活方式当作一种服务"。

尤其让人感到可悲的是许多好心人错误地相信互联网具有促进社会平等和信任的能力，他们已经在不知不觉中充当了帮凶，帮助他们积累私人财富、创造新的剥削方式。

趋势

至2015年年底，共享经济中资本和公地之间的矛盾（见第8章）已经发展到一触即发的地步，投入到这个领域的资金已经从涓涓细流变成了滔天洪水。

以空中食宿为例，尽管存在种种问题，但它依旧维持着原来共享理念的光环。虽然共乘公司和按需服务公司可能造就了不稳定的工作岗位，但总体上，空中食宿的房东并不属于这一行列。这种低强度的旅行方式，即人们之间共享住房和交换住处的旅行方式，还是有一定作用的。游离于主流群体之外、渴望参加个性化旅游和穷游的旅行者在不同时期选择了不同的方式：青年旅舍、私下共享的度假屋、我儿时在惠特克小姐家的假期以及沙发客等都是这种旅游冲动的例子。但是空中食宿的职责是通过它的平台来满足这种冲动并将其规模扩大：沿着这条道路继续发展，空中食宿有可能会破坏孕育它的文化。

空中食宿仍在谈论社区，但它同时还在继续助长房东这种索取的本能。尽管在空中食宿的网页上展示着棕色调的照片，但公司的业务已不再围绕着分享住处和围坐在餐桌旁的陌生人而开展，而是围绕那种租住整套住房的从未谋面的房东和客人开展。在最近的一个计划中，该公司已经宣布有意向获利丰厚的商业旅行领域进军，但只有那些提供整套住房的房东才被允许参加，而且这些房东应加强他们的专业水平。我们可以预料到今后会有更高的专业水平，更少的个人交往。空中食宿延续在这条道路发展，就会与其他旅游业巨头（甚至主要的连锁酒店）结成伙伴。与此同时，空中食宿坚持认为这些房东并不需要遵守与专业化旅行机构相匹配的法规（并承担相应的成本）。

　　小规模、亲密的交往对于共享经济公司所说的环境可持续性来说至关重要，但是这种说法越来越像是公司营销部门有选择性地说出的真相。为了鼓吹它的环境影响，空中食宿把使用空中食宿的游客的能源消耗量与同样数量住在饭店里的人进行对比；为了鼓吹它的经济影响，它却将这些游客与同样数量住在家里的人进行对比。优步和 Lyft 鼓吹环境影响时是与驾驶私家车的人进行对比，而不是与乘坐公共汽车或地铁的人对比；他们声称数量不算太大的拼车业务彰显了他们对环境的承诺，但却避谈他们对纽约市的拥堵和平均行驶速度的影响。

　　共享经济中还有许多行业我没有细说，因为到现在为止，它们相对来说仍体量很小。这些行业的社区本质也都被夸大。宠物服务领域的重要企业 DogVacay 公司常被共享经济的文章提到，目前在北美已经有 20,000 名寄养家庭在其网站注册。该网站可能有一种社区的感觉，但研究员吉安娜·埃克哈特根据她研究 Zipcar 公司（见第 4 章）的经验说，它的成功更有可能依赖于其他机制所建立起的信任。她说："在共享经济中，消费者期待这些公司提供兄长式的监督来解决信任问题，对于一个生命而言，这种印象被放大了。"

　　社交会餐是一个可能还没有爆发的行业。Feastly、VizEat、EatWith 以及其他 20 个左右的初创公司都是邀请人们在家用餐，与主人交往，分享故事和享受自制美食，并把他们之间的交往描绘成私人领域的一部分。到目前为止，这是没问题的：过去一直都有一个场所，让大家把食物当作共同的经历和结识新朋友的途径，社交界举办餐饮俱乐部的历史悠久。如果没有那么频繁，活动基本上也不以商业为目的（也许就像大约 500 万参加读书俱乐部的美国人一样），此时它还不需要监管。

如果说会出问题的话，那就是其中一家公司在有过这方面经验的风险投资家的指导下把它推向全球，从每餐中抽取费用、鼓励主人把它当作是一个挣钱机会，从而建立起一个社交会餐业的大公司。成功的共享经济公司的历史告诉我们它可能向何处去。一个从行业脱颖而出的公司有可能会建立一种把餐饮当作个人交流的商业模式，声称通过其平台安排的餐饮不需要接受健康和安全部门的检查，不应该缴纳销售税。同时，它会鼓励售卖者在平台上创业，并力图从每家企业中分一杯羹。它甚至有可能采用"赢家通吃"的策略，寻找大的合作伙伴合作。一旦取得成功，它们就已颠覆了创业的前提。规模扩大的亲密关系已不再是亲密关系。

2015年，优步继续着它平步青云式的增长，连同空中食宿，二者的发展被当作是一种展示，显示了这种新型企业形式的优势，即员工被合同工所取代，管理者被评价系统所取代。蒂姆·奥莱利撰文指出，它体现了"网络是如何击败传统公司的组织形式的"。总体来说，他对这种技术驱动型公司的必然崛起表示欢迎。但是，无懈可击的应用程序体验所具有的魅力掩盖了许多对这些企业的成功来说虽然不那么美妙但重要性不可低估的因素。科技确实带来了新的效率，但它也可能建立新的商业模式将成本外部化，其手段就是改变用来平衡公司和公司所在社区之间的利益、平衡公司和服务供立者之间的利益的法规。

空中食宿竭力发展旅游，忽视城市健康发展的其他方面，只要它的银行账户受到威胁，它就会把对城市和社区的承诺抛在脑后。虽然该公司准备与地方政府达成某些妥协，比如代收旅馆税，但有一件事是它坚决不愿做的，那就是与地方政府共享房东的名单。这样，空中食宿是在阻挠任何企图限制在热门地区的出租房密度、避免游客突然涌入所导致的贵族化倾向的努力。在巴塞罗那以及阿姆斯特丹等人们对旅游业褒贬不一的城市，这种矛盾导致该公司多次与市政府爆发冲突。它还阻挠人们实地调查公司对廉价住房以及社区分区法规产生了何种影响。空中食宿在挣钱的同时却把所有的成本压在了它经营所在的社区身上。

优步为其客户提供价值的能力不仅来自于它的技术水平，正如我们在第4章中所看到的，它也来自于将成本外部化的能力。除此之外，该公司还通过亏损经营的方式来压低成本，从而促进发展。这是共享经济的一个共同脉络。

《通信内容端正法》（*Communications Decency Act*）第230条称："交互式计算机服务的提供者或用户，均不被视作其他信息内容提供者所提供的信息的发布者或讲述者。"该法意味着博客对评论者在其网站上的留言不负法律责任，YouTube对用户上传的视频也不负法律责任，脸书对用户的帖子也不负法律责任，等等。但该法曾多次被扩大化解读，被扩展到所有类型的网络平台。共享经济公司也认为，该法意味着它们对服务供应商的行为，或者对服务供应商和客户之间的行为也不负法律责任。称自己是交易市场、是科技公司而不是服务提供商就使得它们声称第230条的条款也适用于它们。出租车公司要为出租车服务负责，但如果你是搭乘服务的提供者，你就不希望有这个麻烦；酒店可能为客人所遭遇的事情负责，但如果你是空中食宿，你就不想承担那种责任。

　　可能这看上去有点离谱，一个像优步这样目前从每次搭载业务中拿走30%的车费外加1美元"安全费用"的公司竟然在出了事情后不承担任何责任。当优步在加州被归为交通运输网络公司时，这个问题就被搁置一边。但对于共享经济公司来说，第230条是一个良好的开端，直到法院提出不同的判决结果。一些议员如纽约州参议员利兹·克鲁格（Liz Krueger）对该法表示失望。她在谈到空中食宿时说：

　　　　我们一直没能找到一种方法，让州政府告诉他们："空中食宿，我们知道你违法了，我们要阻止你。"所以，坦率地说，这些公司看着我说道："你就在旁边干瞪眼吧。我们不在乎。你对我们没办法。是的，你可以惩罚那些非法出租公寓的人。你可以惩罚那些非法租房的游客。但我们呢，虽然我们的商业模式正在积极鼓励和支持这些非法活动——但你就是拿我们没办法。"

　　成功的共享经济公司规避了确保安全的开销。它们的确在公开场合承诺过要保证安全，还在这方面有所动作——空中食宿主动向房东免费发放烟雾报警器，优步声称对其车辆进行了安全检查——但它也尽可能规避市政的规定如对于民宿要进行防火巡查，而且它还要确保一旦出了事，自己要脱得了干系。

　　成功的共享经济公司还规避了提供普遍可用设施的开销。在第4章中，我们看到优步和Lyft声称车辆能否给残疾人使用不是他们的问题；有关空中食宿无意中促成了种族定性①传播的说法也遭遇了同样的回答。

---

① 种族定性，指警察等因肤色或种族而不是证据怀疑犯罪。

成功的共享经济公司规避了工资的支出，把服务提供者从工资单上删除，转而将其归为独立承包商，他们在要填写的美国税务表格中通常被称为"1099人员"。这样做的一个结果是，公司不用支付福利、不用支付设备、不用支付等候时间和差旅时间、不用买伤害保险、不用负担任何养老金义务。

10多年以前，亚马逊成功规避了在大多数州缴纳销售税的责任，使得它对于那些"砖头加砂浆的"商店具有天然的价格优势。各大互联网公司如谷歌和苹果也已经成为通过在爱尔兰或卢森堡的低税率子公司来开展业务的高手，以此减轻税务负担。

成功的共享经济公司从这些做法中汲取经验。多伦多的出租车乘客要向安大略省缴纳销售税，出租车司机要缴纳收入税，而出租车公司（如果有的话）也要纳税。优步的乘客向优步在荷兰的子公司优步BV公司缴费，因而优步就不用纳税。优步还把纳税的问题留给司机解决，明知许多不宽裕的司机会尽可能地逃税。空中食宿声称它愿意代表房东在必要的时候缴纳旅游税，还鼓励房东在必要时到市政府登记，但一个又一个例子（见第3章）表明，它们是以有利于自己的方式来做的，而这种方式仍让城市失望。

成功的共享经济公司学会了如何最大限度地减少保险费用。优步和Lyft辩称，私人搭乘不需要商业保险，因而从那时起，在面对城市的要求时，它们最大限度地少买保险。一边把保险的要求推到司机身上，一边没有严格的验证，明知许多人会受到诱惑，逃避全额保险费用，这就是它们的方法。例如，在许多地方，使用应用程序却不拉客人的漏洞还存在。

成功的共享经济公司一直无法推卸掉所有这些责任，但它们受共享经济公司的主要投资人彼得·泰尔的启发，采取了一个方法。由于预见到金融法规的问题，泰尔的贝宝公司率先推出了一个积极解决问题的方法：募集大量资金，迅速扩张，然后把既成事实摆在国会议员面前。这就是未来，解决吧。

　　共享经济公司的价格优势、投资者对这个行业感兴趣、主要企业市场估值相对较高，这些不仅是因为它们的科技很高效，也是因为它们能够规避或改变法规。因此，优步和空中食宿在国家层面投入了大量的资金到那些声名显赫、神通广大的游说人员身上，在主要城市开展了高强度的游说工作。下面是彭博社的卡伦·怀斯（Karen Weise）写的文章，讲述优步在波特兰展开的大规模游说工作：

　　　　过去一年来，优步建立起美国最大也是最成功的一支游说队伍，几乎在每一个州议会都有它的存在。在全国的市议会，它有250名注册游说人员和29个注册游说公司，至少比沃尔玛多三分之一。这还没有算上在市一级的游说人员。在美国第28大城市波特兰，有10个人最终登记为优步的游说人员。他们将成为市政厅的一股力量。该市的官员说，他们从没有见过如此大规模的游说队伍。

　　蒂姆·奥莱利写道，'对优步和空中食宿这些公司的讨论过于狭隘。问题不仅仅是就业，还包括软件和互联性所带来的经济巨变'。但是，把这个问题看成是软件和互联性的问题也过于狭隘：它还涉及权力、资金和影响力。

人与人的信任这种说辞在许多故事中非常显眼，而现在则被丢到一旁。评价系统是一个幌子，用它企业就能"拉黑"用户，实施它们自己的纪律条例：只要在政治上对自己有利，空中食宿就会将房东从平台上踢走（如最近洛杉矶发生的事情），优步也会在高管们心血来潮的时候随意解雇司机。

共享经济已成为有权势和有钱的个人和机构重新塑造社会的一个机会：新一波放松管制的热潮，把决策权从民选机构的掌控中拿走，放进了位于旧金山的董事会里。身价不菲的游说者游说华盛顿的官员说，新公司比政府更能管理服务提供商的行为，算法比老套的规则更能带来保障，自由市场将确保那些因算法工具而实力大增的公司以负责和对社会有益的方式来发挥他们的影响力。

评价系统和算法系统能有效地为信任打下坚实的基础的说法在共享经济世界被夸大。

依赖算法评分的网站遭遇了公平和程序正当的问题，例如网贷公司Lending Club。通过对潜在借款人进行资格审查，网贷公司正进入信用评级领域。数据科学家凯西·奥尼尔（Cathy O'Neil）认为，Lending Club和其他网贷公司之所以给大型金融机构带来如此价值，是因为它们提供了一种绕过信用评级法规的办法，如美国联邦贸易委员会的《平等信贷机会法》（即禁止基于种族、肤色、宗教等因素的信用歧视）和《公平信用报告法》。早期，Lending Club和其他网贷公司辩称，它们不提供贷款，就像优步不提供搭乘服务，Handy不提供清洁服务，空中食宿不提供住宿一样。这样一来，他们的商业模式进入了监管空白。从那时起，特别是自2008年违约率大幅上升后，证券交易委员会已经介入进来，要求他们多尽一点责任，但这一模式的重要组成部分仍游离于监管范围之外。

正如空中食宿有一个在内部为房东打分的算法机制，优步在其平台上也使用每个人的详细数据来管理司机的行为，Lending Club也有一个专利的数学模型，给潜在的借款人打分，并拒绝了约90%的申请人。这些数据包括从数据中间商如安客诚（Acxiom）或益博睿（Experian）那里购买的数据，P2P网贷领域的早期模型对社交媒体资料的关注，其他因素如网页浏览习惯、就业历史等：任何他们想得到的数据。但是，这种对数据的巨大需求很容易（也无意间）就会违反《平等信贷机会法》和《公平信用报告法》的规定。种族等可用来搞歧视的指标是可以使用的，那些贷款被拒绝的人根本找不到被拒或申诉的理由：算法变成一个黑箱，监管者和评估打分者都看不透。

反击

面对共享经济的影响与野心，越来越多的团体开始发声并进行反击。在欧洲——空中食宿在此获得了大部分的收益，优步也在努力成长——针对共享经济的反击仅在2015年6月就取得了两项重大进展。最戏剧性的是法国出租车司机的反抗：优步拼车服务UberPop在2014年被宣布为非法，但优步指示其司机在其申诉阶段继续营业。出租车司机的绝望抵抗迫使巴黎政府取缔了这项服务。在其他国家，优步复制了同样的模式：8月，它声称会支持在哥斯达黎加被罚款的司机，这一举动在世界部分地区引起了不愉快的共鸣：美国公司在这些地区积极挑战和颠覆政府。

与此同时，巴塞罗那选出了一名新市长——激进分子阿达·科洛（Ada Colau），她是一个反驱逐团体Mortage Victims' Platform的领袖。她竞选的议题之一就是旅游业：每年的游客数量超出了居民数量的四倍，而且"近年来，持续存在的问题如噪声、非法旅游公寓以及上涨的房价已使疲倦的居民与似乎永无休止的狂拍痛饮的游客潮划清界限"。科洛发誓要阻止巴塞罗那"最后变为威尼斯"，在那里，本地居民被游客挤走了。在这种环境中，空中食宿对有机会"过得像个本地人"的平淡保证、对为城市带来金钱的持续提醒，以及对从公民角度出发来塑造旅游住房供给的全然拒绝，听起来都像是跑了调。

在美国也是如此，对共享经济入侵的抵御一直存在。

优步以及上门清洁服务公司的地位已经受到法律的质疑。第5章描述了这个问题是如何影响清洁服务公司Homejoy和Handy的，不过姑且让我们把目光放远一点。在加拿大，如果在工资单上有保洁员，公司就必须缴纳税款、就业保险金以及加拿大退休金计划的退休金，但如果把保洁员归为独立承包商，所有这些沉重的成本就会一笔勾销。安大略省一家清洁服务公司莫莉女仆（Molly Maid）的凯文·希普金斯（Kevin Hipkins）说："如果我们能挥动魔法棒，就可以降低30%的成本，躲过所有这些乱七八糟的税。税收是一个道义上的责任。我认为我们正在创造逃税文化。"

共享经济平台的运营方式、纳税与否由保洁员决定，当然低收入服务行业的工人总想推迟或少缴纳税款。清洁等服务行业早已是非正规经济的一部分，以现金结算。现在不同的是，有人靠这种非正规经济创建了价值几十亿美元的公司。莫莉女仆公司的希普金斯认为："小规模、客户和保洁员的私下交易是一码事，美国大公司、市值数百万美元则是另一码事。"

2014年10月，两名Handy的前员工把该公司告上了法庭。记者凯文·蒙哥马利（Kevin Montgomery）写道："诉讼称，该公司拒绝工人享受最低工资、带薪休假、加班工资，还扣留小费和几乎所有其他违规收入。工人还声称，这家募集了4570万美元资金的创业公司还对工人有过分的要求，包括指导他们"如何使用卫生间。""

共享经济平台发展得如此迅速，正是因为它声称服务供应商不是雇员。它能提供价格较低的服务是因为它们不需要提供福利，也不需要在没有工作做的时候支付工资。但这是一个对平台的挑战：尽管它声称不提供清洁服务，但Handy还是希望建立一个成功的品牌，这意味着它必须控制它所能（或不能）提供的东西。美国国税局的规则中有一个"二十要点测试法"，用于检验一个工人是否是雇员，其要点如下：

> 总的规则是，如果你，完成服务的人所隶属的对象，只有权控制或引导工作的成果，而无权控制或引导实现这一成果的方式和方法，那么完成服务的人就是独立承包商。

艾伦·休特（Ellen Huet）跟踪了这起还没有判决的案例，并写道：

> 但是，承包商是有一些具体的限制的。你不能告诉承包商如何做好自己的工作——不能穿什么衣服，收多少费，对客户说什么话，用什么材料。对于一家想有流畅的、品牌化的客户体验的初创公司，这

是一个严重的阻碍。

这并不是共享经济公司所独有的说法。经过一系列诉讼案件后，奥克兰联邦上诉法院发现，联邦快递公司2000年至2007年错误地将其司机列为独立承包商，判决该公司支付2.28亿美元。同样是在加利福尼亚州，为一家物流公司工作的短途卡车司机得到了220万美元的赔偿，因为他们其实是雇员，而不是独立承包商。

波士顿律师香农·利斯–里奥丹（Shannon Liss-Riordan）率先围绕共享经济中的就业地位问题发起了进攻。在对优步的诉讼中，她指出了司机们要想留在平台上就必须遵守的严格规定，如接单率要超过90%、客户的评分要高于某个数值，此外优步还有开除司机的权力。"仅仅因为你的服务是通过智能手机派出的并不说明你就算科技公司……你是汽车服务公司，你有责任做好司机们的雇主。"利斯–里奥丹也接了起诉Lyft、Handy、Homejoy和Instacart的案子。

2015年6月，加州劳工专员办公室下令优步给它的一名司机芭芭拉·安·贝里克报销4000多美元的成本，裁决贝里克是公司的员工。公司将提起上诉，但这对利斯–里奥丹起诉优步和Lyft的案子来说是一个积极信号。就业地位的争论无疑会拖上很长一段时间，而且可能最终停留在一个灰色地带。

空中食宿也在一些地方遭到反对。在纽约，一场高调的对抗导致了"更好分享"（Share Better）联盟的成立，它包括了租户团体、邻里协会、可负担住房倡议组织、民选官员和酒店工作人员，结盟的目的是挑战空中食宿对城市所造成的影响，而且这个问题已经引起市议会的重视。在旧金山，也成立了类似的组织"更好分享旧金山"（ShareBetter SF）。在洛杉矶，有影响力的社区和扶贫组织LAANE在其住房行动中考虑到了短租的问题。其他地方也建立了类似的同盟。

共享经济巨头的快速发展及其关注点的变化甚至使得一些支持它的组织怀疑共享经济公司的未来。OuiShare是法国一个围绕协作理念而建立的社群，对科技很关注。它是早期倡导共享经济的主要组织之一，但它2015年的年会主题却是"在转变中迷失"。非营利组织Shareable的尼尔·格伦弗洛（Neal Gorenflo）写道，这个主题"把大家都不愿面对的难题摆到台面上，也就是共享经济乌托邦式的可能性与超资本主义现实之间存在巨大差异"。

如果持怀疑态度的OuiShare年会的与会者要找到一个方法来把共享经济转换成有用的东西——一个能够真正兑现社区和人际交流的承诺的东西，那么就必须与科技撒开关系。可惜表明他们会这样做的迹象并不多。格伦弗洛报道说，比特币背后的"区块链"技术是个新东西："每个人都在谈论区块链，从主题演讲到会下的交谈。"从技术角度寻找解决方案——一种解决社会问题的机制——最终只会走上同一条道路。比特币本身也延续着同样的轨迹在发展，承诺成为一种独立于国家的货币，但最终成为风险资本家自主的投资工具，0.1%的参与者拥有50%的比特币。

这场辩论需要将狭窄的关注点转移到科技公司之外。我们必须认识到，复杂的社会问题没有简单的解决办法，对于社会中到处存在的冲突和不公正来说更是如此。共享经济完全忽视协作和合作运动的历史，这是它很容易被商业利益所控制的一个原因。

支持共享理念的人最好是与城市合作而不是与风险投资家结盟。城市在许多非商业共享计划上很有创意。在运输行业，有汽车共享，还有被人广泛模仿的巴黎自行车共享计划；公共交通也有新的理念；还有围绕绿色出租车的新计划。城市计划的好处之一是，市民可以从其他城市汲取精华，力主在自己的家乡实行，这样城市之间就能相互学习。

叶甫盖尼·莫罗佐夫称靠技术来解决复杂社会问题的想法是所谓"解决方案主义"，可惜这在那些宣扬共享经济的人那里很流行。我们呼吁那些认同新技术的人要有一点点谦恭。这不是技术是好是坏的问题，而是技术无法解决复杂社会问题。如果技术专家们接受技术在社会运动中可以发挥有用但是是次要的作用，可能就算有所成就了。但26岁CEO们的天真、风险投资顾问的傲慢以及黑客行动主义者的狭隘——他们仍然坚持20世纪90年代的战斗、推广开放代码——并不是个好兆头。

出版后记

　　共享经济的热潮席卷而来，对传统行业造成了巨大的冲击。许多人认为，就像汽车取代马车、电话取代电报一样，优步最终会淘汰出租车、空中食宿最终会淘汰酒店。共享经济的发展与膨胀似乎就是新时代的不可逆转的大势，挡我者死。事实果真如此？

　　在对共享经济的持续关注中，本书作者汤姆·斯利渐渐发现了共享经济的弊端，并从最初的共享经济拥趸转变为其反对者。斯利发现，网络科技公司利用其技术优势，以"共享"的概念吸引用户和投资者，向利用平台赚钱的劳动者收取高额租金，外部化成本，规避监管，从而获得高额利润。这些公司以革新者的面目出现，似乎要将大众从那些只知赚钱却没有社区观念的传统行业的魔爪中解救出来，他们标榜科技和共享，而实际上却利用大众的共享愿景为自己圈钱，充实同样作为资本家的自己的腰包——他们最终会变成他们一开始所反对的东西，共享的理念则被抛诸脑后。

　　在本书中，作者勾勒了共享经济生态的宏观图景，追踪了优步、Lyft、Zipcar、Airbnb、Couchsurfing、TaskRabbit、Homejoy、Instacart等典型共享经济公司的发展脉络，并从中挖掘出共享经济急速扩张的奥秘及其逐渐显现的内在矛盾。在一系列事实研究的基础上，作者最后提出核心观点：共享本就与赚钱不能相容，想要在共享的同时也赚钱，最后一定会事与愿违。

以往有关共享经济的书籍和文章，或惊异于共享经济革新性的概念和迅猛的扩张速度，或为其共享愿景拍手称快，或将其与传统行业相对比以挖掘其创新因素，或分析商业模式、发现风口上的商机……而本书则从与众不同的角度揭示出共享经济的一些不为人所知的真相。在共享经济的弊端初露端倪的现在，不得不承认，作者的观点颇具前瞻性。也许你对共享经济存有不同的看法，但不妨听听作者怎么说，相信你一定会从中收获新的思考方式，更全面地认识共享经济，在新浪潮中找到属于自己的位置。

服务热线：133-6631-2326　188-1142-1266

服务信箱：reader@hinabook.com

后浪出版公司

2017年1月

图书在版编目（CIP）数据

共享经济没有告诉你的事 / (加) 汤姆·斯利著;涂颀译. -- 南昌：江西人民
出版社，2017.1（2017.4重印）

ISBN 978-7-210-07521-9

Ⅰ.①共… Ⅱ.①汤… ②涂… Ⅲ.①商业模式—研究 Ⅳ.①F71

中国版本图书馆CIP数据核字(2016)第321598号

WHAT'S YOURS IS MINE: Against the Sharing Economy

Copyright © 2015 by Tom Slee

First published by OR Books, New York and London.

Simplified Chinese translation copyright © 2017 by Ginkgo(Beijing) Co.,Ltd.

Rights arranged by Peony Literary Agency Limited.

版权登记号： 14-2016-0428

共享经济没有告诉你的事

作者：［加］汤姆·斯利
译者：涂 颀 责任编辑：辛康南
出版发行：江西人民出版社 印刷：北京京都六环印刷厂
690 毫米 ×960 毫米 1/16 13.5 印张 字数 147 千字
2017 年 3 月第 1 版 2017 年 4 月第 2 次印刷
ISBN 978-7-210-07521-9
定价：38.00 元
赣版权登字 -01-2016-939

（英）阿尔弗雷德·希区柯克，1960年
《卡什肖像经典》(世界图书出版公司 2011年)